Jakob J. Petuchowski

Die Stimme vom Sinai

Die Stimme vom Sinai

Ein rabbinisches Lesebuch
zu den Zehn Geboten

Aus den hebräischen
und aramäischen Schriften
übersetzt und herausgegeben
von
Jakob J. Petuchowski

Herder Freiburg · Basel · Wien

Umschlaggestaltung unter Verwendung
eines Ausschnitts aus einer Misrachtafel
von J. Béla Tolnai (um 1900):
Moses verkündet die Zehn Gebote

Herstellung: Freiburger Graphische Betriebe 1981
ISBN 3-451-19276-4

Für R. W. in Dankbarkeit

Inhalt

Einleitung

In zwei Büchern (*Es lehrten unsere Meister,* Freiburg i. Br. 1979; und *Ferner lehrten unsere Meister,* Freiburg i. Br. 1980) hatten wir versucht, dem modernen Leser etwas von der Theologie der alten Rabbinen zu vermitteln. Es war eine „erzählende Theologie", der es weniger um die Festlegung von dogmatischen Lehrsätzen zu tun war als um die Buntheit der verschiedensten und oft sich gegenseitig widersprechenden theologischen Aussagen, die alle zusammen doch nur ein Bruchstück der göttlichen Wahrheit ausdrücken konnten. So wichtig diese „erzählende Theologie" den alten Rabbinen auch war, es wäre dennoch falsch, die *Aggadah* (wie diese Theologie genannt wurde) als den alleinigen Inhalt des rabbinischen Judentums zu betrachten. Zu der *Aggadah* gesellt sich nämlich die *Halakhah,* d. h. der gesetzliche „Weg", den die Rabbinen einschlugen. Es handelt sich dabei um die Auslegung der gesetzlichen Perikopen der hebräischen Bibel, hauptsächlich der des Pentateuchs. Auch hier gab es Meinungsunterschiede und Diskussionen. Während man sich aber auf rein theologischem Gebiet nicht veranlaßt fühlte, Entscheidungen zu treffen, mußten auf gesetzlichem Gebiet Entscheidungen getroffen werden.

Die Kirchenväter, die zur gleichen Zeit lebten,

konnten sich im allgemeinen auf die Theologie konzentrieren. Nach ihrer Auffassung wurde nicht nur das mosaische Gesetz durch das Erscheinen des Christus aufgehoben, sie standen darüber hinaus auch als römische Bürger unter der römischen Gerichtsbarkeit. Bei den Rabbinen lag der Fall anders. Für sie behielt das mosaische Gesetz ewige Geltung und brauchte nur den sich stets verändernden äußeren Umständen des Lebens angepaßt zu werden; und ihnen wurde auch die eigene jüdische Gerichtsbarkeit (mit Ausnahme der Vollziehung des Todesurteils) sowohl von den Römern als auch von den Persern zugestanden. Dieses mosaische Gesetz nun, in seiner rabbinischen Auslegung, ergriff alle Sphären des Lebens, die moralische wie die kultische, die zivilrechtliche wie die zeremonielle.

Autoritätscharakter besaß dieses Gesetz, weil es der göttlichen Offenbarung am Berge Sinai zugeschrieben wurde. Mögen auch biblische Perikopen wie das 19. Kapitel des Buches Exodus allein von der Offenbarung der sogenannten Zehn Gebote am Berge Sinai sprechen, so galt doch im rabbinischen Judentum der Dekalog nur als Hauptausdruck, nicht aber als alleiniger Inhalt dieser Offenbarung. Denn nur um den Dekalog in Empfang zu nehmen, brauchte Moses wohl kaum vierzig Tage und vierzig Nächte auf dem Berge Sinai zu verweilen. Er muß also damals die ganze Torah geoffenbart bekommen haben. Und das galt nicht nur von den sogenannten Fünf Büchern Mosis, sondern von dem ganzen Corpus der jüdischen Lehre und der jüdischen Gesetzgebung. Gewiß etwas hyperbolisch wurde diese Auffassung folgendermaßen ausgedrückt:

Rabbi Isaak lehrte:
Das, was die Propheten in zukünftigen Generationen weissagten, hatten sie schon von der sinaitischen Offenbarung her empfangen. So sprach auch Moses zu den Israeliten: („Ich mache diesen Bund und diesen Eid nicht mit euch allein,) sondern sowohl mit euch, die ihr heute hier seid und mit uns steht vor dem Herrn, unserem Gott, als auch mit denen, die heute nicht hier mit uns sind" (Deuteronomium 29,14). Es heißt hier nicht: „die heute nicht hier mit uns stehen", sondern: „die heute nicht hier mit uns sind". Das bezieht sich auf die Seelen, die erst in der Zukunft erschaffen werden sollen. Weil sie damals noch keine Realität hatten, wird das Wort „stehen" hier nicht von ihnen gebraucht. Obzwar sie also zu jener Stunde noch nicht existierten, erhielt doch damals schon jede Seele ihren Anteil. Darum heißt es auch (in Maleachi 1,1, dem letzten Propheten): „Die Bürde der Rede des Herrn durch Maleachi (wörtlich: *in der Hand von Maleachi*"). Es heißt hier nicht: „in den Tagen von Maleachi", sondern: „in der Hand von Maleachi". Denn er war schon seit dem Sinai im Besitz seiner Prophetie. Aber erst jetzt erhielt er die Erlaubnis zu weissagen. So sprach auch Jesaja (Jesaja 48,16): „Von der Zeit an, da es ward, bin ich da. Und nun sendet mich der Herr Gott und Sein Geist", als ob er sagen wollte: „Ich war dabei, als die Torah am Sinai gegeben wurde, und damals erhielt ich meine Prophetie. Aber erst jetzt wurde mir die Erlaubnis zum Weissagen erteilt." Und es waren nicht nur die Propheten, die ihre Prophetie vom Sinai her erhielten, sondern

auch von den Weisen aller zukünftigen Geschlechter erhielt ein jeder seine Weisheit am Sinai.

Exodus Rabbah 28,6

Immerhin sah man, wie bereits gesagt, in den Zehn Geboten (Exodus 20,1–17 und der Parallele in Deuteronomium 5,1–18) den Hauptausdruck der sinaitischen Offenbarung. Als man dann später von den „Sechshundertunddreizehn Geboten der Torah" sprach (vgl. b. *Makkoth* 23b), unternahm in noch späteren Jahrhunderten ein Rabh Saadja Gaon (882–942) in seiner poetischen Aufzählung der „Sechshundertunddreizehn Gebote", diese Gebote innerhalb eines von den Zehn Geboten gesetzten Rahmens unterzubringen. (Vgl. *Siddur R. Saadja Gaon,* hrsg. I. Davidson, S. Assaf und B. I. Joel. Jerusalem, 1941, S. 191–216.)

Zur Zeit des Zweiten Tempels waren die Zehn Gebote sogar ein Bestandteil der täglichen Liturgie, die von den Priestern im Jerusalemer Tempel morgens verrichtet wurde (*Mischnah Tamid* 5,1). Man wollte damals auch das tägliche Lesen der Zehn Gebote in die Synagogen außerhalb des Tempels einführen. Jedoch wurde das von den Rabbinen nicht zugelassen, damit die Ketzer nicht sagen sollten: „Die Zehn Gebote nehmen eine so wichtige Stelle in der Liturgie ein, weil sie allein dem Moses am Sinai offenbart wurden" (P. *Berakhoth* I,8, ed. Krotoschin, p. 3c; b. *Bera-*

khoth 12a). Daß es sich bei diesen „Ketzern" um eine gewisse Gruppe unter den Judenchristen gehandelt haben mag, die mehrere Perikopen des Pentateuchs als unauthentisch verwarf, ist vielleicht nicht unmöglich. (Vgl. Hans Joachim Schoeps, *Theologie und Geschichte des Judenchristentums,* Tübingen, 1949, S. 147ff.) Tatsächlich kommen im heutigen jüdischen Gottesdienst die Zehn Gebote nur dreimal im Jahr zur öffentlichen Vorlesung, und zwar an den Sabbathen, an denen Exodus 20 und Deuteronomium 5 als Teil der Pentateuchlektion vorgelesen werden, und am Wochenfest, das als Offenbarungsfest gefeiert wird, bei dem Exodus 20 auch zur Pentateuchlektion gehört. Für die Privatandacht, aber nicht als Bestandteil des Gemeindegottesdienstes, bringen die jüdischen Gebetbücher die Zehn Gebote hinter dem täglichen Morgengottesdienst. So ganz erfolgreich scheinen die frühen Rabbinen in der Verbannung der Zehn Gebote aus dem Gemeindegottesdienst allerdings nicht gewesen zu sein. Ein aus dem Ägypten des zweiten Jahrhunderts vor der gewöhnlichen Zeitrechnung stammendes hebräisches Papyrusfragment enthält die Zehn Gebote und ihnen folgend den Anfang von Deuteronomium 6, 4–9 – also genau die Anordnung, wie sie im priesterlichen Gebetsgottesdienst in Jerusalem üblich war. (Vgl.

F. C. Burkitt, „The Hebrew Papyrus of the Ten Commandments", in: *Jewish Quarterly Review* XV, 1903, 392–408, und Moshe Greenberg, Artikel „Nash Papyrus", in: *Encyclopaedia Judaica*, Bd. 12, Sp. 833.)

Auch in der Entwicklung des modernen Reformjudentums, in dem Versuch, bei aller Mannigfaltigkeit der jahrtausendalten religionsgesetzlichen Überwucherung wieder das „Wesen des Judentums" ausfindig zu machen, hat man oftmals auf die Zehn Gebote als den „Kern" der Offenbarung zurückgegriffen. Die „Ketzerei", die man im frührabbinischen Judentum dadurch bekämpfen wollte, daß man die Zehn Gebote vom öffentlichen Gottesdienst ausschloß, scheint von Isaac Mayer Wise, dem großen Organisator des amerikanischen Reformjudentums, wieder aufgegriffen worden zu sein. Zwar hielt er den ganzen Pentateuch als von Moses eigenhändig verfaßt; aber als von Gott selbst geoffenbart galten ihm nur die Zehn Gebote. (Vgl. James G. Heller, *Isaac M. Wise.* New York, 1965, S. 526.)

Es ist unsere Aufgabe hier nicht, uns auf eine Diskussion über Offenbarungstheologie einzulassen. Wir haben uns das bescheidenere Ziel gesetzt, den Leser in das rabbinische Denken über die Zehn Gebote einzuführen. Denn mögen auch dem rabbinischen Judentum alle anderen biblischen Gebote den Zehn Geboten ebenbürtig sein, so bleibt es doch wohl Tatsache, daß den meisten modernen Juden, sei es durch Religionsunterricht oder Vorbereitung zur Konfirmation, aus der ganzen hebräischen Bibel die Zehn Gebote am bekanntesten sind, und daß auch bei Christen die Zehn Gebote zu den ganz wenigen Stellen der hebräischen Bibel gehören, die man „wirklich" kennt. Ob die Zehn Gebote tatsächlich so „leicht zu halten" sind, wie von manchen Juden und Christen angenommen wird, mag allerdings fraglich sein – besonders dann, wenn behauptet wird, daß wahre Religion doch eigentlich „nur" das Halten der Zehn Gebote bedeute.

Daß dieses „nur" weit mehr enthält, als man beim ersten Anblick merkt, war auch schon den alten Rabbinen klar, die, bei aller Achtung vor ihren Ahnen, die einst die Zehn Gebote auf sich nahmen, dennoch in einer Predigt über Jeremia 20,7 („Überredet hast Du mich, Herr, und ich ließ mich überreden; angefaßt hast Du mich und hast übermocht") folgende Rede Israels an Gott erdichteten:

Die Gemeinde Israels sprach zu dem Heiligen, gelobt sei Er: Herr der Welt, Du hast mich überredet, bevor Du mir die Torah gegeben hast; und dann hast Du mir das Joch der Gebote auf den Hals gelegt, so daß ich bei Übertretung der Gebote bestraft werde. Hätte ich die Torah nicht angenommen, wo würde ich wie jedes andere Volk sein, das weder belohnt noch bestraft wird.

So sprach die Gemeinde Israels zu dem Heiligen, gelobt sei Er:

Du hast mich am Sinai überredet, als Du mir sagtest: „Ich bin der Herr, dein Gott" (Exodus 20,2); und ich dachte, Er ist schwach. Aber „angefaßt hast Du mich und hast übermocht", als Du dann sagtest: „Denn Ich, der Herr, dein Gott, bin ein eifervoller Gott" (Exodus 20,5).

Du hast mich am Sinai überredet, als Du sagtest: „Du sollst keine anderen Götter neben Mir haben" (Exodus 20,3); und ich dachte, Er ist schwach. Aber „angefaßt hast Du mich und hast übermocht", als Du dann hinzufügtest: „Wer den Göttern, außer dem Herrn allein, opfert, hat sein Leben verwirkt" (Exodus 22,19).

Du hast mich am Sinai überredet, als Du sagtest: „Du sollst den Namen des Herrn, deines Gottes, nicht mißbrauchen" (Exodus 20,7); und ich dachte, Er ist schwach. Aber „Du hast übermocht", als Du dann fortgefahren bist: „Denn der Herr wird den nicht ungestraft lassen, der Seinen Namen mißbraucht" (Exodus 20,7).

Du hast mich am Sinai überredet, als Du sagtest: „Gedenke des Sabbathtages, ihn zu heiligen" (Exodus 20,8); und ich dachte, Er ist schwach. Aber „angefaßt hast Du mich und hast übermocht", als Du ferner sagtest: „Wer den Sabbath entweiht, sterbe des Todes" (Exodus 31,14).

Du hast mich am Sinai überredet, als Du sagtest: „Ehre deinen Vater und deine Mutter" (Exodus 20,12); und ich dachte, Er ist schwach. Aber „angefaßt hast Du mich und hast übermocht", als Du erklärtest: „Wer seinem Vater oder seiner Mutter flucht, soll des Todes sterben" (Exodus 21,17).

Du hast mich am Sinai überredet, als Du sagtest: „Du sollst nicht morden" (Exodus 20,13); und ich dachte, Er ist schwach. Aber „angefaßt hast Du mich und hast übermocht", als Du dann auch in der Torah lehrtest: „Wer Blut eines Menschen vergießt, durch Menschen soll sein Blut vergossen werden" (Genesis 9,6).

Du hast mich am Sinai überredet, als Du sagtest: „Du sollst nicht ehebrechen" (Exodus 20,14); und ich dachte, Er ist schwach. Aber „angefaßt hast Du mich und hast übermocht“, als Du dann hinzufügtest: „Der Ehebrecher und die Ehebrecherin sollen des Todes sterben“ (Leviticus 20, 10).

Du hast mich am Sinai überredet, als Du sagtest: „Du sollst nicht stehlen“ (Exodus 20, 15); und ich dachte, Er ist schwach. Aber „angefaßt hast Du mich und hast übermocht“, als Du klarmachtest: „Wer einen Menschen stiehlt, ... soll des Todes sterben“ (Exodus 21, 16).

Du hast mich am Sinai überredet, als Du sagtest: „Du sollst kein falsches Zeugnis ablegen“ (Exodus 20, 16); und ich dachte, Er ist schwach. Aber „angefaßt hast Du mich und hast übermocht“, als Du erklärtest: „So sollt ihr ihm tun, wie er gedachte, seinem Bruder zu tun“ (Deuteronomium 19, 19).

Du hast mich am Sinai überredet, als Du sagtest: „Du sollst nicht begehren“ (Exodus 20, 17); und ich dachte, Er ist schwach. Aber „angefaßt hast Du mich und hast übermocht“, als Du weiter erklärtest: „Laß ihre Schönheit dich nicht gelüsten; ... so geht es mit dem, der zu dem Weibe seines Nächsten kommt; es bleibt keiner ungestraft, der sie berührt“ (Sprüche Salomos 6, 25 ff).

Pessiqta Rabbathi, Kap. 21, ed. Friedmann, p. 107 a

So steht es also mit dem „*nur*“ von „nur die Zehn Gebote halten“. Wichtig ist hier, daß im Dekalog der Einzelne gefordert wird, daß er hinter dem Ethos seines Volkes keine Zuflucht finden kann. Das geht schon daraus hervor, daß, grammatisch gesehen, alle Zehn Gebote im Singular gehalten sind, sich also an den Einzelnen, nicht an das Volk wenden. Zwei rabbinische Erklärungen dieses Singulars sollen hier folgen:

Warum sind die Zehn Gebote im Singular gehalten? So daß jeder Einzelne sich sagen muß: „Mir sind sie befohlen worden. Meinetwegen ist die Torah gegeben worden, damit ich sie erfülle."

Er sage nicht: „Es genügt, wenn die Welt – ohne mich – die Zehn Gebote hält."

Midrasch Leqaḥ Tobh, Wa-ethḥannan,
ed. S. Buber, p. 9a, b

Warum sind die Zehn Gebote an den Einzelnen, und nicht an das ganze Volk gerichtet?

Weil es der einzelne Mensch ist, der sie übertritt.

Micha hat das Erste Gebot übertreten (Richter, Kap. 17).

Jerobeam hat das Zweite Gebot übertreten (I Könige 12,28–33).

Der Gotteslästerer hat das Dritte Gebot übertreten (Leviticus 24,10–14).

Der Holzsammler hat das Vierte Gebot übertreten (Numeri 15,32–36).

Absalom hat das Fünfte Gebot übertreten (II Samuel, Kap. 15).

Joab hat das Sechste Gebot übertreten (I Könige 2,5).

Simri hat das Siebente Gebot übertreten (Numeri 25,6–15).

Achan hat das Achte Gebot übertreten (Josua, Kap. 7).

Ziba hat das Neunte Gebot übertreten (II Samuel, Kap. 16).

Naboth hat das Zehnte Gebot übertreten (I Könige, Kap. 21).

Pessiqta Rabbathi, Kap. 21,
ed. Friedmann, p. 106b–107a

Ist es der einzelne Mensch, der die Verantwortung dafür trägt, wenn er die Zehn Gebote bricht, so ist es auf der anderen Seite auch der einzelne

Mensch, dessen Gebotstreue gerühmt werden kann. Als solcher galt den Rabbinen der biblische Joseph, der unter ihnen als „der Gerechte" *par excellence* bekannt war. Über ihn wurde folgende Geschichte erzählt:

All die Jahre hindurch, in denen die Israeliten durch die Wüste wanderten, wurden von ihnen zwei Kästen nebeneinander getragen. In dem einen lagen die Gebeine Josephs (vgl. Exodus 13, 19), und in dem anderen lagen die Steintafeln mit den Zehn Geboten.

Wenn Menschen, die die Wüste durchquerten, die Israeliten fragten: „Welche Bewandtnis hat es mit diesen beiden Kästen?", erhielten sie die Antwort: „Einer ist der eines Toten, der andere ist Gottes."

Als dann erstaunt weiter gefragt wurde: „Aber ist es denn passend für einen Toten, zusammen mit der göttlichen Anwesenheit zu wandern?", antworteten die Israeliten: „Dieser hat erfüllt, was auf jenen geschrieben steht."

B. *Sotah* 13a; vgl. *Pessiqta Rabbathi*, Kap. 22, ed. Friedmann, p. 112a, b

Da sich die Zehn Gebote immer noch an den einzelnen Menschen wenden, welcher Konfession und religiösen Richtung er oder sie auch angehören mag, so dürften diese Zehn Gebote ein passender Anhaltspunkt sein, an dem die rabbinische Exegese der Heiligen Schrift dem modernen Leser vorgeführt werden kann – um so mehr, da es sich ja bei den Zehn Geboten nicht ausschließlich um rein gesetzliche Motive handelt. Auch das Theologische spielt hier eine gewisse Rolle, wie auch der Glaube und das moralische

Gefühl, die sich beide nicht immer in rein „gesetzlichen" Kategorien ausdrücken lassen. Es soll nach Anführung eines jeden der Zehn Gebote ein Kommentar folgen, der sich aus verschiedenen rabbinischen Erklärungen und Deutungen zusammensetzt.

In ganz wenigen Fällen haben wir Texte aus dem hohen Mittelalter herbeigezogen, und dann nur, weil die betreffenden mittelalterlichen Denker und Exegeten ein weit älteres Material übersichtlich zusammengefaßt haben. Hauptsächlich stammt das hier angeführte Material aber aus dem tannaitischen (1.–3. Jahrhundert) und aus dem amoräischen (3.–6. Jahrhundert) Zeitalter. Einige *Midrasch*-Sammlungen sind späteren Datums, enthalten aber, in redigierter Form, die Aussagen früherer rabbinischer Autoritäten. Dabei muß bemerkt werden, daß die Zuschreibung einer gewissen Deutung einem bei Namen genannten Rabbi nicht immer historisch zuverlässig ist – was aber bei dem diesem Buch gesetzten Ziel keine große Rolle spielt. Es soll dem Leser genügen, zu wissen, daß der größte Teil der hier wiedergegebenen Texte aus den ersten sechs Jahrhunderten stammt, wobei die Texte aus *Mischnah, Tossephta, Mekhilta, Siphra* und *Siphre* überwiegend aus den ersten drei Jahrhunderten stammen.

Zwei Quellen sind es, die vorwiegend hier zitiert werden: die *Mekhilta* und die *Pessiqta Rabbathi.* Die *Mekhilta,* obwohl sie erst in nachtannaitischer Zeit redigiert worden ist, enthält, wie gesagt, viel tannaitisches Material. Die *Pessiqta Rabbathi,* um einen ihrer letzten Bearbeiter zu zitieren, wurde etwa im 7. Jahrhundert, wenn nicht schon gar im 6. Jahrhundert zusammengestellt und enthält die Lehren der palästinensischen Meister des 3. und 4. Jahrhunderts. (Vgl. William G. Braude, *Pesikta Rabbati,* Band I. New Haven und London, 1968, S. 26.) Die *Mekhilta* ist der frührabbinische Kommentar zu den gesetzlichen Perikopen des Buches Exodus. Die *Pessiqta Rabbathi* ist eine Predigtsammlung für besondere Sabbathe und Feiertage. Beide, *Mekhilta* und *Pessiqta Rabbathi,* enthalten fortlaufende Kommentare zu den Zehn Geboten in Exodus, Kap. 20, wobei der *Mekhilta*-Kommentar mehr juristisch, der *Pessiqta*-Kommentar mehr homiletisch ausgerichtet ist.

So unkompliziert es auch zuerst erschien, dem Leser einfach eine deutsche Übersetzung der zutreffenden Stellen dieser beiden Werke zu bieten, so undurchführbar erwies sich dieser Plan. Zunächst einmal ist zu beachten, daß für den Leser, der ohne schulmäßige Vorbereitung an diese Texte herantritt, viele dieser Texte ganz unverständlich sind. Sie setzen nämlich die Kenntnis von anderen Teilen der rabbinischen Literatur voraus, besonders auf dem juristischen Gebiet. Da dieses Buch aber für den interessierten Laien bestimmt ist, mußten solche Stücke entfallen. Andere Texte erhalten ihre Pointe durch hebräische Wortspiele; und da des Lesers Kenntnis der hebräischen Sprache hier nicht vorausgesetzt werden konnte, mußten auch diese Texte ausfallen. Dazu kommt noch etwas ziemlich Erstaunliches. Nicht alle der Zehn Gebote wurden von den Rabbinen mit ausführlichen Kommentaren bedacht. Manche, wie z. B. das Zehnte Gebot, müssen ihnen so selbstverständlich erschienen sein, daß sie, jedenfalls in den erwähnten fortlaufenden Kommentaren, geglaubt haben müssen, daß das Bibelwort für sich selbst spricht und einer eingehenden Exegese nicht bedarf. Aber diese „Lücken" habe ich versucht mit Zitaten aus anderen Teilen der rabbinischen Literatur zu füllen. Schließlich hatten ja die Zehn Gebote nicht nur in der *Mekhilta* und in der *Pessiqta Rabbathi* ihren Widerhall; und so kann dem Leser auch Eintritt in andere Gemächer der rabbinischen Schriftdeutung gewährt werden.

Die deutschen Übersetzungen sind so wortgetreu wie möglich. Jedoch wurde des öfteren einer *sinngemäßen* Übersetzung der Vorzug gegeben, besonders in den Fällen, bei denen eine rein wörtliche Übersetzung das Verstehen erschwert hätte. Gelegentlich habe ich auch den Texten erklärende Worte hinzugefügt, wie ich auch in anderen Texten Worte ausgelassen habe, wenn sie für den uneingeweihten Leser das Verständnis der Pointe unmöglich gemacht hätten. Letzteres bezieht sich größtenteils auf als Beweis angeführte Schriftverse, die aber nur im hebräischen Urtext, und dann nur in rabbinischen Kreisen, als wirkliche „Beweise" dienen konnten. . .

Die Übersetzung der Bibelverse ist, unter Zugrundelegung der Übersetzungen von Luther, Zunz und Buber-Rosenzweig, zum größten Teil von mir. Oft war es notwendig, die Verse so zu übersetzen, wie sie von den Rabbinen verstanden wurden. In diesen Fällen weicht die Übersetzung von den mehr geläufigen und bekannteren Übersetzungen teilweise weit ab – was nicht unbedingt bedeuten soll, daß sich für das rabbinische Verständnis dieser Verse keine Rechtfertigung finden ließe.

Auch eine andere Abweichung ist vielleicht schon von dem Leser in den bereits in dieser Einleitung zitierten rabbinischen Texten bemerkt worden. Es ist die Abweichung der jüdischen von der christlichen Tradition in der Zählung der Zehn Gebote. Während in der christlichen Kirche die eigentlichen Gebote mit Exodus 20,3 anfangen (und es dann noch Unterschiede zwischen den verschiedenen christlichen Konfessionen darüber gibt, ob Exodus 20,3 und Exodus 20,4, wie auch Exodus 20,17 ein oder zwei Gebote enthalten), sieht die jüdische Einteilung der Gebote, die diesem Buche zugrunde liegt, so aus:

I - Exodus 20,2,
II - Exodus 20,3–6,
III - Exodus 20,7,
IV - Exodus 20,8–11,
V - Exodus 20,12,
VI - Exodus 20,13,
VII - Exodus 20,14,
VIII - Exodus 20,15,
IX - Exodus 20,16,
X - Exodus 20,17.

Allerdings, bis sie sich allgemein durchsetzen konnte, war auch die Auffassung, daß Exodus 20,2 („Ich bin der Herr, dein Gott") das Erste Gebot darstellt, innerhalb des Judentums teilweise umstritten. Aber sie hat sich durchgesetzt. Die Motivation dazu wurde folgendermaßen von dem spanisch-jüdischen Bibelexegeten Abraham ibn Esra (1089–1164) in seinem Kommentar zu Exodus 20,1 referiert:

Das Erste Gebot ist: „Ich bin der Herr, dein Gott." Wisse, daß alle Gebote auf zwei Wegen zu uns kommen. Der erste Weg schließt die Gebote ein, die von Gott in das Herz aller intelligenten Menschen gepflanzt worden sind, und deren es viele gibt. (Unter den Zehn Geboten ist es allein das Sabbathgebot, das nicht aus bloßer Denktätigkeit folgt.) Daher geben die intelligenten Menschen aller Völker die Gültigkeit dieser Gebote zu und bekennen, daß sie in die Denktätigkeit eingepflanzt sind, daß man weder etwas hinzufügen noch etwas vermindern soll. Dies sind die Gebote, die Abraham nebst zusätzlichen Geboten hielt (Genesis 26, 5). Gott gab ja die Torah nur intelligenten Menschen, und wer keinen Verstand hat, hat auch keine Torah.

Der zweite Weg schließt die Gebote ein, deren Grund verborgen ist, und von denen nicht erklärt wurde, warum sie geboten wurden. Es soll, Gott behüte!, nicht gedacht werden, daß ein einziges dieser Gebote etwa der Denktätigkeit widerspricht. Nur sind wir dazu verpflichtet, alles zu halten, was Gott uns geboten hat – ob der geheimnisvolle Grund uns offenbart wurde oder nicht. Sollten wir daher ein Gebot finden, das dem Denken zu widersprechen scheint, dann dürfen wir nicht glauben, daß es wörtlich zu verstehen ist. Wir müssen in den Büchern unserer Weisen nach seinem Grund forschen. Vielleicht war es nämlich metaphorisch gemeint. Wenn wir aber darüber nichts geschrieben finden, dann müssen wir aus eigener Kraft versuchen, auf die Bedeutung eines solchen Gebotes zu kommen...

Alle Gebote können in drei Teile geteilt werden: 1. Gebote des Herzens, 2. Gebote der Zunge und 3. Gebote der Tat.

Die Gebote des Herzens können wiederum in positive und negative Gebote geteilt werden. So ist es z. B. ein positives Gebot des Herzens, den Herrn, deinen Gott, zu lieben, Ihm zu folgen und Seinen ehrwürdigen Namen zu verehren, wie auch das Gebot: „Liebe deinen Nächsten, denn er ist wie du" (Leviticus 19, 18). Beispiele von den negativen Geboten des Herzens sind: „Du sollst deinen Bruder nicht in deinem Herzen hassen" (Leviticus 19, 17) und „Du sollst dich nicht rächen und nichts nachtragen" (Leviticus 19, 18).

Auch die Gebote der Zunge können in zwei Teile geteilt werden: positive und negative. Unter den positiven sind z. B. die Rezitation des „Höre, Israel", das Tischgebet, der Priestersegen und die Erklärung beim Darbringen des Zehnten und viele andere, die ähnlich sind. Unter den negativen Geboten der Zunge sind z. B. „Du sollst gegen deinen Nächsten kein falsches Zeugnis ablegen" (Exodus 20,16), „Richter sollst du nicht lästern" (Exodus 22,27) und „Fluche nicht einem Tauben" (Leviticus 19,14).

Der positiven und negativen unter den Geboten der Tat gibt es viele, und sie brauchen nicht erwähnt zu werden.

Die Gebote des Herzens sind aber die Grundprinzipien. Sie sind schwerwiegender als alle anderen. Zwar meinen viele, daß es bei den Gedanken des Herzens keine Sünde gäbe, es sei denn, daß man sich götzendienerischen Gedanken hingibt. In der Tat sind diese götzendienerischen Gedanken an sich die schwerste Sünde unter allen bösen Gedanken und wiegt sie alle auf. Aber sehen denn diese Menschen nicht ein, die die Gedanken nicht für sündhaft halten, daß in den Sprüchen Salomos geschrieben steht (6,16): „Sechs sind's, die der Herr haßt..."? Und da heißt es auch (in Vers 18): „Ein Herz, das schmiedet Gedanken des Unheils." Auch steht geschrieben: „Du hast wohl getan, daß du im Sinn hast..." (II Chronik 6,8) und „Erweise Gutes, Herr, den Guten und den Redlichen in ihrem Herzen" (Psalm 125,4) und „Euer Herz sei rechtschaffen mit dem Herrn" (I Könige 8,61) und „Der Herr sieht das Herz an" (I Samuel 16,7).

Es folgt daraus, daß das erste Gotteswort (Exodus 20,2) die Wurzel der anderen Gottesworte ist, die ihm folgen. Ja, von allen Herzensgeboten liegt es uns am nächsten. Seine Bedeutung ist, daß der Mensch ohne irgendwelche Zweifel in seinem Herzen glauben soll, daß der ehrbare Herr, dessen Name nur geschrieben, aber nicht ausgesprochen wird, sein Gott ist – Er allein.

Folgt man nun der jüdischen Einteilung der Zehn Gebote, so ergeben sich fünf Gebote, die des Menschen Verhältnis zu Gott bestimmen – das ist, wenn man, wie es die alten Rabbinen tun, das Gebot der Elternehre mit den Geboten über das

Verhältnis zu Gott aufzählt, und fünf Gebote, die des Menschen Verhältnis zu seinem Mitmenschen bestimmen. Da im biblischen Text von zwei steinernen Tafeln und von Zehn Geboten die Rede ist, entstand die Ansicht, daß auf jeder Steintafel fünf Gebote zu lesen waren, und daß die eine Tafel sich mit dem Verhältnis zu Gott, die andere Tafel sich mit dem Verhältnis zum Mitmenschen befaßte. Dennoch wurde zwischen den zwei Tafeln nicht zu scharf getrennt. Die Gebote hängen ja alle zusammen. Sie sind ja Ausdruck der einen göttlichen Offenbarung. So kann es z.B. von dem einen oder dem anderen Gebot heißen, daß, wenn man dieses Gebot übertritt, man zu der Übertretung aller Zehn Gebote gelangt. Und so kann auch die innere Beziehung der Gebote der einen Tafel zu den Geboten der anderen Tafel schematisch auf folgende Weise dargestellt werden:

Die fünf Gebote der zweiten Tafel sind den fünf Geboten der ersten Tafel gegenübergestellt. „Du sollst nicht morden" entspricht dem Gebot: „Ich bin der Herr, dein Gott." Der Heilige, gelobt sei Er, sagt: „Wenn du mordest, rechne Ich es dir an, als ob du das Ebenbild Gottes verringert hättest." „Du sollst nicht ehebrechen" entspricht dem Gebot: „Du sollst keine anderen Götter neben Mir haben." Der Heilige, gelobt sei Er, sagt: „Wenn du ehebrichst, rechne Ich es dir an, als ob du Götzendienst betrieben hast. „Du sollst nicht stehlen" entspricht dem Gebot: „Du sollst den Namen des Herrn, deines Gottes, nicht mißbrauchen." Rabbi Chija zitierte dazu die Verse: „Ihr sollt nicht stehlen noch lügen noch fälschlich handeln einer mit dem anderen. Ihr sollt nich falsch schwören bei meinem Namen" (Leviticus 19, 11–12) und erklärte: „Wenn du gestohlen hast, wirst du ferner fälschlich handeln und lügen, so daß du am Ende bei Meinem Namen falsch schwören wirst." „Du sollst wider deinen Nächsten kein falsches Zeugnis ablegen" entspricht dem Gebot: „Gedenke des Sabbathtages." Der Heilige, gelobt sei Er, sagt: „Wenn du falsches Zeugnis wider deinen Nächsten ablegst, rechne Ich es dir an, als ob du wider Mich Zeugnis ablegst, daß Ich die Welt nicht in sechs Tagen erschaffen habe und am siebenten ruhte." „Du sollst nicht begehren" entspricht dem Gebot: „Ehre deinen Vater und deine Mutter." Stämme wie Gaius von Gadara und Lucius von Sussitha haben gegenseitig ihre Frauen begehrt und heimlich mit ihnen geschlafen. Eines Tages brach ein Zank zwischen diesen Stämmen aus, und es kam vor, daß jemand seinen eigenen Vater tötete – ohne zu wissen, daß es sein Vater war.

Pessiqta Rabbathi, Kap. 21,
ed. Friedmann, p. 108a

Der innere Zusammenhang zwischen den Geboten wird sogar noch zugespitzter in der Aussage ausgedrückt, daß Gott selbst alle Zehn Gebote in einem einzigen göttlichen Ausspruch offenbarte – was für ein Geschöpf von Fleisch und Blut unmöglich wäre. Erst nachdem Gott die Zehn Gebote alle in einem Ausspruch geoffenbart hatte, wiederholte Er sie nachher noch einmal einzeln hintereinander. (*Mekhilta, Baḥodesch,* Kap. 4, ed. Horovitz-Rabin, S. 218.)

Die Rabbinen waren sich überhaupt immer der Kluft zwischen Gott und Mensch bewußt und schätzten das menschliche Verständnis des göttlichen Wortes dementsprechend ein. Der biblische Text ist mehr der Aufnahmemöglichkeit der Menschen angepaßt als dem Wesen des göttlichen Wortes „an sich". Und was schon von dem biblischen Text gelten soll, gilt erst recht von den Erklärungen und den Deutungen der Rabbinen. Um wieviel mehr muß es dann von diesem Büchlein gelten, das nicht mehr beanspruchen will, als eine Einführung in das rabbinische Denken über Offenbarung und Gebot zu sein – das aber dennoch von der Überzeugung ausgeht, die alten rabbinischen Meister hätten auch uns noch etwas zu sagen.

Cincinnati, Ohio, U.S.A.
Erew Rosch Haschanah 5741 / 10. September 1980

Jakob J. Petuchowski

I

Das erste Gebot

ICH BIN DER HERR, DEIN GOTT,
DER DICH AUS DEM LANDE ÄGYPTEN
GEFÜHRT HAT, AUS DEM SKLAVENHAUSE.

Exodus 20, 2

Philosophie und Erfahrung

Judah Halevi (vor 1075–1141) war einer der größten hebräischen Dichter und Philosophen in Spanien. Sein philosophisches Werk „Der Kusari" ist in der Form eines Dialogs zwischen dem König der Chasaren und einem jüdischen Gelehrten geschrieben. Das Königshaus der Chasaren und wahrscheinlich auch die Aristokratie und andere Schichten der Bevölkerung traten im 8. Jahrhundert zum Judentum über. Die Geschichte des Chasarenvolkes wurde von D. M. Dunlop wissenschaftlich behandelt. (Vgl. D. M. Dunlop, *The History of the Jewish Khazars.* Princeton University Press, 1954.) In Halevis „Kuzari" hört sich der Chasarenkönig zunächst einmal die Argumente eines Philosophen, eines Christen und eines Muslim an. Dann holt er sich einen jüdischen Gelehrten.

Der jüdische Gelehrte: Ich glaube an den Gott Abrahams, Isaaks und Israels, der die Israeliten mit Zeichen und mit Wundern aus Ägypten geführt hat. Er versorgte sie mit Speise in der Wüste und gab ihnen das Land, nachdem Er sie in wunderbarer Weise durch das Meer und durch den Jordan ziehen ließ. Er sandte Moses mit Seiner Torah und nach ihm Tausende von Propheten, die Seine Torah bestätigten, den Gesetzestreuen Lohn und den Ungehorsamen die Strafe verheißend. Wir glauben alles, was in der Torah geschrieben steht; und da handelt es sich um ein sehr ausführliches Thema.

Der Chasarenkönig: Ich wollte ja ursprünglich überhaupt keinen Juden fragen, denn ich bin mir ihrer schlimmen politischen Lage und ihrer Engstirnigkeit voll bewußt. Ihr Unglück hat ihnen nichts Gutes übriggelassen. Hättest du, Jude, nicht sagen sollen, daß du an den Schöpfer der Welt glaubst, den Weltenregierer und Herrscher, der dich erschaffen hat und ernährt? Hättest du nicht die Art von Argumenten anführen sollen, die als Beweise für alle religiösen Menschen gelten können, und auf Grund deren sie Gerechtigkeit üben, um die göttliche Gerechtigkeit und Weisheit nachzuahmen?

Der jüdische Gelehrte: Was du da ansprichst, ist eine Religion, die auf Logik und theoretischen Betrachtungen aufgebaut ist. Sie gibt aber auch zu vielen Zweifeln Anlaß. Frag doch nur einmal die Philosophen, und du wirst finden, daß sie über keine einzige Tatsache und kein einziges Prinzip übereinstimmen. Weil es hier nur um Argumente geht, gibt es solche, die sich beweisen lassen, und solche, die sich nur dürftig beweisen lassen, und die deshalb überhaupt nicht überzeugend sind.

Der Chasarenkönig: Was du jetzt gesagt hast, Jude, ist mehr einleuchtend als das, was du vorher gesagt hast. Ich möchte mich weiter mit dir unterhalten.

Der jüdische Gelehrte: Aber das, was ich zuerst gesagt habe, war doch schon der Beweis und war so klar, daß weitere Beweise überflüssig sind.

Der Chasarenkönig: Wie soll ich das verstehen?

Der jüdische Gelehrte: Erlaub mir, ein paar einleitende Bemerkungen zu machen, denn ich sehe, daß meine Worte dir schwer verständlich waren, und daß du sie nicht ernst nimmst.

Der Chasarenkönig: Laß mich deine einleitenden Bemerkungen hören.

Der jüdische Gelehrte: Wenn man dir sagen würde, daß der König von Indien ein vorzüglicher Mann ist, daß er ehrwürdig und rühmlich ist, wie man das aus der Gerechtigkeit und Sittlichkeit seiner Untertanen ersehen kann, würde dich das dazu verpflichten, den König von Indien zu verehren?

Der Chasarenkönig: Wie könnte mich das verpflichten, da ich doch nicht weiß, ob die Gerechtigkeit der Inder eine natürliche ist, ganz unabhängig von dem König, oder ob sie von dem König abhängig ist, oder ob sie vielleicht beides zugleich ist?

Der jüdische Gelehrte: Wenn aber nun die Gesandten des Königs von Indien zu dir kämen mit Geschenken, von denen du nicht bezweifelst, daß sie nur aus dem indischen Königspalast stammen können, und mit einem Brief, von dem es bezeugt ist, daß ihn der König von Indien geschrieben hat, und mit Medikamenten, die tatsächlich deine Krankheiten heilen, und mit Gift, das deine Feinde tötet, ohne daß du Waffen brauchst – würde das alles dich nicht dem König von Indien verpflichten?

Der Chasarenkönig: Gewiß! Denn es würde meinen ursprünglichen Zweifel an der Existenz des Königs von Indien beseitigen. Ich würde zugeben, daß mich ein Beweis seiner Herrschaft und seiner Macht erreicht hat.

Der jüdische Gelehrte: Und, wenn man dich fragte, wie würdest du ihn beschreiben?

Der Chasarenkönig: In Attributen, die mir ganz klar sind. Dann würde ich andere hinzufügen, die mir zunächst zweifelhaft erschienen, die mir aber jetzt ganz klar geworden sind.

Der jüdische Gelehrte: Genau auf diese Weise hatte ich deine erste Frage beantwortet. So sprach auch Moses zu Pharao, als er ihm sagte: „Der Gott der Hebräer hat mich zu dir gesandt" (Exodus, 7,16), d.h. der Gott Abrahams, Isaaks und Jakobs. Denn die Sache der Erzväter war unter den Völkern wohlbekannt, da der göttliche Geist sich mit den Erzvätern verband und Gott sie führte und ihnen Wunder geschehen ließ. Moses sagte *nicht:* „Der Gott des Himmels und der Erde hat mich zu dir gesandt", oder: „Mein Schöpfer und dein Schöpfer...". So begann auch Gott Seine Rede an die Volksmassen Israels mit den Worten: „Ich bin der Herr, dein Gott, der dich aus dem Lande Ägypten geführt hat" (Exodus

20,2). Aber Er sagte *nicht:* „Ich bin der Schöpfer der Welt und euer Schöpfer." So begann auch ich meine Antwort auf deine Frage nach meinem Glauben. Ich antwortete dir, wie es mir geziemt, und wie es der ganzen Gemeinde Israels geziemt, die darüber im klaren sind – zunächst aus persönlicher Erfahrung und danach aus ungebrochener Tradition, die der persönlichen Erfahrung gleicht.

Judah Halevi, *Kusari,* Buch I, 11–25

„Ja, ja!"

„Ich bin der Herr, dein Gott der dich aus dem Lande Ägypten geführt hat, aus dem Sklavenhause."

Warum wurden die Zehn Gebote nicht bereits am Anfang der Torah gesprochen?

Die Antwort auf diese Frage läßt sich durch ein Gleichnis geben:

Es kam einmal ein Mann in eine Provinz und sagte zu den Einwohnern: „Ich will euer König sein."

Da antworteten die Einwohner: „Hast du uns denn etwas Gutes getan, das dich berechtigen würde, unser König zu sein?"

Was tat er? Er baute ihnen eine Mauer. Er errichtete ihnen eine Wasserleitung. Auch führte er Kriege für sie.

Dann sprach er wieder: „Ich will euer König sein."

Jetzt antworteten die Einwohner: „Ja, ja!"

So tat es auch der Allgegenwärtige. Er führte Israel aus Ägypten, spaltete für sie das Schilfmeer, ließ ihnen das Manna vom Himmel fallen, ließ den Brunnen in der Wüste aufsprudeln, führte ihnen die Wachteln zu, und Er stritt für sie wider Amalek. Erst danach sprach Er zu ihnen: „Ich will euer König sein." Und darauf antworteten sie: „Ja, ja!"

Mekhilta, Baḥodesch, Kap. 5, ed. Horovitz-Rabin, S. 219

„Ich bin Derselbe"

„Ich bin der Herr, dein Gott, der dich aus dem Lande Ägypten geführt hat, aus dem Sklavenhause."

Warum wurde das so formuliert?

Weil Er sich schon zuvor am Schilfmeer als Kriegsheld offenbart hatte. Denn es heißt: „Der Herr ist ein Kriegsheld" (Exodus 15, 3). Jetzt aber offenbarte Er sich wie ein alter Lehrer, voll von Erbarmen. Denn es heißt: „Und sie sahen den Gott Israels, und daß unter Seinen Füßen war wie ein Werk aus saphirnen Fliesen (hebräisch:

kema'asseh libhnath hassappir, was an *ma'asseh lebhenah* = „Ziegelwerk" anklingt und daher auf die Sklaverei in Ägypten hinweist – mit der Bedeutung, daß für die Sklaven, mit dem Ziegelbrennen beschäftigt, der Blick zu Gott getrübt war)" (Exodus 24,10). Erst nachdem sie erlöst wurden, heißt es: „Und wie der reine Himmel an Klarheit" (Exodus 24,10). Er ist aber trotzdem immer derselbe Gott, und die Heilige Schrift will den heidnischen Völkern keine Veranlassung geben, die Existenz von zwei verschiedenen göttlichen Mächten zu behaupten. Gott stellt sich daher am Sinai vor als der Gott, der sich bereits in Ägypten offenbart hat: „Ich bin der Herr, dein Gott. Ich war dein Gott in Ägypten und am Schilfmeer. Ich bin derselbe Gott am Sinai. Ich war in der Vergangenheit, und Ich werde in der Zukunft sein. Ich bin in dieser Welt, und Ich werde auch in der kommenden Welt sein." Daher heißt es auch: „Sehet jetzt, daß Ich, Ich es bin, und kein Gott mit Mir" (Deuteronomium 32,39). Und es heißt: „Und bis ins Alter – Ich bin Derselbe! Bis in das Greisentum" (Jesaja 46,6). Auch heißt es: „Also spricht der Herr, der König Israels und sein Erlöser, der Herr der Heerscharen: Ich bin der Erste, und Ich bin der Letzte, und außer Mir gibt es keinen Gott" (Jesaja 44,6).

Mekhilta, Baḥodesch, Kap. 5, ed. Horovitz-Rabin, S. 219f; vgl. *Midrasch Tanḥuma, Jithro,* 16, ed. S. Buber, p. 40a

Antlitz zu Antlitz

Rabbi Berechjah lehrte:

Moses sprach zu den Israeliten: Meine Kinder, als ihr im Lande Ägypten wart, hatte ich euch gesagt: „Der Herr, der Gott eurer Väter, hat mich zu euch gesandt" (Exodus 3,13). Als ihr mich dann gefragt habt: „Welches ist Sein Name?" (Exodus 3,13), antwortete ich euch zeitweilig: „Ich bin, der Ich sein werde" (Exodus 3,14). Hier nun aber ist das, was zu kaufen ist, und der Verkäufer, die Ware und der Händler, Antlitz zu Antlitz. Jetzt könnt ihr direkt von Ihm hören: „Ich bin der Herr, dein Gott" (Exodus 20,2).

Pessiqta Rabbathi, Kap. 21, ed. Friedmann, p. 102a

Die verschiedenen Erscheinungen

Rabbi Chanina bar Pappa lehrte:

Der Heilige, gelobt sei Er, erschien Israel mit einem strengen Antlitz, einem ausgeglichenen Antlitz, einem freundlichen Antlitz und einem lachenden Antlitz.

Mit einem strengen Antlitz – um die Heilige Schrift zu lehren. Wenn ein Vater seinen Sohn die Torah lehrt, muß er ihm auch die Ehrfurcht beibringen.

Mit einem ausgeglichenen Antlitz – zum Studium der *Mischnah.* (*Mischnah* = der erste Teil der sog. „mündlichen Torah".)

Mit einem freundlichen Antlitz – zum Studium des Talmuds. (*Talmud* = die Erklärung der *Mischnah.*)

Mit einem lachenden Antlitz – zum Studium der *Aggadah.* (*Aggadah* = der nichtgesetzliche, oft theologische Teil der „mündlichen Torah".)

Der Heilige, gelobt sei Er, aber sprach: „Obwohl ihr Mich in diesen verschiedenen Erscheinungen seht, bin Ich dennoch der Eine." Darum heißt es: „Ich bin der Herr, dein Gott" (Exodus 20,2).

Rabbi Levi lehrte:

Der Heilige, gelobt sei Er, erschien ihnen wie eine Statue, die überall Gesichter hat. Tausend Menschen mögen sie ansehen, und ein jeder meint, daß die Statue ihn ansieht.

So war es auch, als der Heilige, gelobt sei Er, zu Israel sprach. Jeder Israelite meinte, daß das göttliche Wort ihn persönlich ansprach. Daher heißt es auch *nicht:* „Ich bin der Herr, euer Gott", sondern im Singular, „Ich bin der Herr, *dein* Gott" (Exodus 20,2).

Pessiqta deRabh Kahana, Kap. 12, ed. S. Buber, p. 110a;
vgl. *Midrasch Tanḥuma, Jithro,* 17,
ed. S. Buber, p. 40a, b

Die Verleugnung

Chananja ben Kinai erklärte den Vers: „Wenn jemand seinem Nebenmenschen... (etwas) ableugnet..." (Leviticus 5,21) folgendermaßen:

Niemand leugnet seinem Nebenmenschen etwas ab, bis er nicht zuvor Gott selbst geleugnet hat.

Rabbi Reuben verbrachte einmal einen Sabbath in Tiberias. Dort traf ihn ein heidnischer Philosoph, der ihn fragte: „Wer ist der am meisten gehaßte Mensch in der Welt?"

Der Rabbi antwortete: „Es ist der Mensch, der den verleugnet, der ihn erschaffen hat."

Darauf der Philosoph: „Wie ist das zu verstehen?"

Da antwortete der Rabbi: „Kein Mensch leugnet die Gebote ‚Ehre deinen Vater und deine Mutter', ‚Du sollst nicht morden', ‚Du sollst nicht ehebrechen', ‚Du sollst nicht stehlen', ‚Du sollst wider deinen Nächsten kein falsches Zeugnis ablegen' und ‚Du sollst nicht begehren', bis er nicht zuvor Gott selbst verleugnet hat. Und niemand geht, eine Sünde zu begehen, der nicht zuvor den verleugnet hat, der ihm verboten hat, die Sünde zu begehen."

Tossephta Schebhu'oth 3,6,
ed. Zuckermandel, S. 449–450

Das durchbohrte Ohr

Rabban Jochanan ben Sakkai wurde von seinen Schülern gefragt: „Warum ist es bei dem Knecht, der seinen Herrn nicht verlassen will, ausgerechnet das Ohr, das mit einer Ahle durchbohrt werden soll?" (Exodus 21,6)

Er antwortete: „Das Ohr, das am Berge Sinai gehört hat: ‚Ich bin der Herr, dein Gott, der dich aus dem Lande Ägypten geführt hat, aus dem Sklavenhause', ist das Ohr eines Mannes, der freiwillig das Joch von Fleisch und Blut auf sich nimmt. Das Ohr, das am Berge Sinai gehört hat: ‚Du sollst keine anderen Götter neben Mir haben', ist das Ohr eines Mannes, der freiwillig sich einem anderen Herrn untertänig macht. So soll denn dieses Ohr durchbohrt werden, weil es das nicht bewahrt hat, was es gehört hat! In der Vergangenheit waren die Israeliten zwar Knechte von Knechten. Jetzt aber sollen sie nur Knechte des Heiligen, gelobt sei Er, sein. Darum heißt es auch: ‚Denn die Israeliten sind Meine Knechte, die Ich aus dem Lande Ägypten geführt habe. Ich bin der Herr, euer Gott'" (Leviticus 25, 5).

Pessiqta Rabbathi, Kap. 21, ed. Friedmann, p. 110b

Der befreite Gott

„... der dich aus dem Lande Ägypten geführt hat, aus dem Sklavenhause.“

Chananja, der Neffe Rabbi Josuas, sagte:

Das hebräische Wort *hozethikha* („der dich herausgeführt hat“) ist so geschrieben, daß es auch *huzethikha* („Ich bin mit dir herausgeführt worden“) gelesen werden kann. Wenn man nur so sagen könnte, Gott sprach: „Ich und ihr sind zusammen aus Ägypten in die Freiheit gezogen.“

Pessiqta Rabbathi, Kap. 21, ed. Friedmann, p. 110a;
vgl. p. *Sukkah* IV, 3, ed. Krotoschin, p. 54c

II

Das zweite Gebot

DU SOLLST NEBEN MIR
KEINE ANDEREN GÖTTER HABEN.
DU SOLLST DIR KEIN BILDNIS MACHEN
UND KEINERLEI GESTALT VON DEM,
WAS IM HIMMEL OBEN, AUF DER ERDE UNTEN
ODER IM WASSER UNTER DER ERDE IST.
DU SOLLST DICH VOR IHNEN
NICHT NIEDERWERFEN
UND IHNEN NICHT DIENEN;
DENN ICH, DER HERR, DEIN GOTT,
BIN EIN EIFERVOLLER GOTT,
DER DIE SCHULD DER VÄTER
AN DEN KINDERN AHNDET
BIS IN DAS DRITTE UND VIERTE
GESCHLECHT DERER,
DIE MICH HASSEN; ABER GNADE ERWEIST
BIS INS TAUSENDSTE GESCHLECHT
DERER, DIE MICH LIEBEN
UND MEINE GEBOTE HALTEN.

Exodus 20,3–6

Die anerkannte Herrschaft

„Du sollst neben Mir keine anderen Götter haben."

Warum wurde das gesagt?

Weil es heißt: „Ich bin der Herr, dein Gott" (Exodus 20,2).

Das kann mit einem König von Fleisch und Blut verglichen werden, der in eine Provinz kam.

Da sagten seine Diener zu ihm: „Triff Verordnungen für die Bevölkerung hier!"

Aber der König antwortete: „Nein. Erst wenn sie meine Herrschaft anerkennen, werde ich Verordnungen für sie treffen. Denn wenn sie meine Herrschaft nicht anerkennen, werden sie auch meine Verordnungen nicht annehmen."

So sprach auch der Allgegenwärtige zu Israel: „Ich bin der Herr, dein Gott; du sollst neben Mir keine anderen Götter haben. Ich bin der, dessen Herrschaft ihr in Ägypten anerkannt habt."

Erst als sie antworteten: „Ja!", fuhr Er fort: „So wie ihr Meine Herrschaft anerkannt habt, nehmt jetzt Meine Verordnungen an. Du sollst neben Mir keine anderen Götter haben!"

Mekhilta, Baḥodesh, Kap. 6, ed. Horovitz-Rabin, S. 222

Die Entfremdung

„Andere Götter (hebräisch: *elohim acherim*)."

Aber sind sie denn wirklich Götter?

Nein, es bedeutet nur, daß andere (hebräisch: *acherim*) sie „Götter" nennen.

Eine andere Erklärung: Sie heißen *acherim* Götter, weil sie das Kommen des Guten in die Welt verzögern *(me-acharim)*.

Eine andere Erklärung: Weil sie ihre Anbeter zu Entfremdeten *(acherim)* machen.

Eine andere Erklärung: Weil sie Fremde *(acherim)* ihren Anbetern gegenüber sind. So heißt es auch: „Schreit einer zu ihm, so hilft er nicht und rettet ihn nicht aus seiner Not" (Jesaja 46,7).

Mekhilta, Baḥodesch, Kap. 6, ed. Horovitz-Rabin, S. 223

Götter, die sie nicht kannten

„Andere Götter."

Rabbi Elieser lehrte:

Täglich machen sich die Götzendiener neue und andere Götter. Wie? Hat jemand einen goldenen Götzen und benötigt das Gold, dann macht er sich einen Götzen aus Silber. Hat er einen Götzen aus Silber und benötigt das Silber, dann macht er sich einen aus Kupfer. Hat er einen

Götzen aus Kupfer und benötigt das Kupfer, dann macht er sich einen aus Eisen oder Blei. Daher heißt es auch: „Sie opfern … den Göttern, die sie nicht kannten, den neuen, die jüngst erst gekommen sind" (Deuteronomium 32, 17).

Mekhilta, Baḥodesch, Kap. 6, ed. Horovitz-Rabin, S. 224

Abraham und die Götzen

Rabbi Chija lehrte:

Terah, der Vater Abrahams, war ein Götzenfabrikant. Eines Tages mußte er verreisen, und er ließ Abraham an seiner Stelle die Götzen verkaufen. Da kam ein Mann und wollte einen Götzen kaufen. Abraham fragte ihn: „Wie alt bist du?" Der Mann antwortete: „Fünfzig Jahre." Darauf sprach Abraham: „Wehe dir! Du bist fünfzig Jahre alt und bückst dich vor etwas, das erst vor einem Tag hergestellt wurde." Da schämte sich der Mann und ging fort.

Ein anderes Mal kam eine Frau und brachte eine Schüssel mit Mehl. Sie sprach zu Abraham: „Nimm das Mehl und bringe es den Göttern dar." Abraham aber nahm einen Stock und zerbrach die Götzen. Dann legte er den Stock in die Hand des größten Götzen.

Als sein Vater zurückkehrte, wollte er von

Abraham wissen: „Was hast du den Göttern angetan?"

Abraham antwortete: „Ich kann es vor dir nicht leugnen. Eine Frau kam mit einer Schüssel voller Mehl und bat mich, es ihnen darzubringen. Da sagte einer: ‚Ich will zuerst essen.' Ein anderer aber sagte: ‚Ich will zuerst essen.' Schließlich stand dieser Größte auf, nahm den Stock und zerbrach die anderen."

Da erwiderte Terah: „Warum machst du dich über mich lustig? Wissen denn diese Götter, was vor sich geht?"

Abraham aber sprach: „Mögen doch deine Ohren hören, was dein Mund spricht!"

Genesis Rabbah, 38,13, ed. Theodor-Albeck, S. 361–363; vgl. *Seder Elijahu Rabbah,* Kap. 6, ed. Friedmann, S. 27

Soll Er Seine ganze Welt zerstören?

Ein Philosoph fragte den Rabban Gamaliel:

Es steht in eurer Torah geschrieben: „Denn Ich, der Herr, dein Gott, bin ein eifervoller Gott." Ist denn der Götze eine wirkliche Macht, so daß man auf ihn eifersüchtig sein kann? Ein Held ist eifersüchtig auf einen anderen Helden. Ein Weiser ist eifersüchtig auf einen anderen Weisen. Ein wohlhabender Mann ist eifersüchtig auf einen anderen wohlhabenden Mann. Wo aber liegt die Macht des Götzen, daß Gott auf ihn eifersüchtig sein soll?

Rabban Gamaliel antwortete:

Wenn ein Mann seinem Hund den Namen seines Vaters gibt und dann, wenn er ein Gelübde tut, beim Leben seines Hundes schwört, gegen wen wird der Vater wohl eifern? Gegen den Sohn oder gegen den Hund?

Aber der Philosoph fuhr fort:

Immerhin sind doch die Götzen teilweise nützlich.

Rabban Gamaliel:

Was veranlaßt dich zu dieser Bemerkung?

Der Philosoph:

In einer gewissen Provinz brach einmal ein Brand aus, aber der Götzentempel blieb unversehrt. Geschah das nicht deshalb, weil der Götze sich zu schützen wußte?

Rabban Gamaliel:

Ich werde dir ein Gleichnis erzählen. Ein irdischer König zieht in den Krieg. Gegen wen kämpft er? Gegen die Lebenden oder gegen die Toten?

Der Philosoph:

Natürlich gegen die Lebenden. Aber, um auf meine vorangegangene Frage zurückzukommen, wenn die Götzen nicht nützlich sind, warum zerstört Er sie nicht?

Rabban Gamaliel:

Dient ihr denn nur einem Gegenstand? Ihr dient doch der Sonne, dem Mond, den Sternen und Planeten, den Bergen und Hügeln, den Wasserströmen und den Tälern. Ja, ihr vergöttert doch selbst den Menschen. Soll Er etwa Seine ganze Welt zerstören, nur weil es Narren gibt?

Mekhilta, Baḥodesch, Kap. 6, ed. Horovitz-Rabin, S. 226; vgl. b. *'Abhodah Zarah* 54b

Ich beherrsche den Eifer

„Denn Ich, der Herr, dein Gott, bin ein eifervoller Gott.“

Wirklich ein Gott des Eifers? Nein, Ich bin Gott über den Eifer. Ich beherrsche den Eifer, aber der Eifer beherrscht Mich nicht. So beherrsche Ich auch den Schlummer, aber der Schlummer beherrscht Mich nicht. Daher heißt es: „Siehe, der Hüter Israels schlummert nicht und schläft nicht“ (Psalm 129,4).

Eine andere Erklärung: Mit Eifer bestrafe Ich sie, wenn sie Götzendienst treiben; aber Ich bin erbarmungsvoll und gnädig bei der Bestrafung von anderen Sünden.

Mekhilta, Baḥodesch, Kap. 6, ed. Horovitz-Rabin, S. 226

Bis in das dritte und vierte Geschlecht

„...der die Schuld der Väter an den Kindern ahndet bis in das dritte und vierte Geschlecht derer, die Mich hassen."

Das trifft aber nur dann zu, wenn die Geschlechter der Übeltäter aufeinander folgen; jedoch nicht, wenn ein Geschlecht übersprungen wird.

Wie ist das zu verstehen?

Wenn der Übeltäter der Sohn eines Übeltäters und der Enkel eines Übeltäters ist.

Mekhilta, Baḥodesch, Kap. 6, ed. Horovitz-Rabin, S. 226

Die Schuld, die nicht geahndet wird

„Denn er hat das Wort des Herrn verachtet und Sein Gebot gebrochen. Diese Person soll ausgerottet werden. Ihre Schuld ruht auf ihr" (Numeri 15,31).

Alle, die sterben, erlangen Versöhnung durch ihren Tod. Aber diese Person – „ihre Schuld ruht auf ihr." Daher heißt es auch: „Ihre Schuld lag auf ihren Gebeinen" (Ezechiel 32,27).

Bedeutet das aber, daß das auch der Fall ist, wenn eine solche Person Umkehr getan hat?

Nein! Deshalb sagt nämlich die Schrift: „Ihre

Schuld ruht auf ihr." Nur so lange die Schuld auf ihr ruht. Hat sie aber Umkehr getan, trifft das nicht zu. So heißt es auch in Deuteronomium 32,5: „Ist es Sein Verderben? Nein! Seinen Kindern haftet der Makel an." Wenn der Makel ihnen anhaftet, sind sie nicht Seine Kinder. Wenn der Makel ihnen nicht mehr anhaftet, dann sind sie wieder Seine Kinder.

Rabbi Ismael sagte: Warum heißt es: „Ihre Schuld ruht auf ihr"? Ich könnte nämlich meinen, daß, wenn es in Exodus 20,5 heißt: „Der die Schuld der Väter an den Kindern ahndet bis in das dritte und vierte Geschlecht", auch der Götzendienst bis in das dritte und vierte Geschlecht geahndet wird. Um aber diese Auslegung als falsch zu erweisen, sagt die Heilige Schrift ganz ausdrücklich: „Ihre Schuld ruht auf ihr." Auf *ihr*, d.h. *nur* auf der Person, die selbst Götzendienst treibt, ruht die Schuld. Die Schuld wird aber nicht an den Kindern, an den Enkeln und an den Urenkeln geahndet.

Siphre ad Numeros, Pissqa 112, ed. Horovitz, S. 121

Das Maß der göttlichen Gnade

Das Maß der göttlichen Gnade ist fünfhundertmal so groß wie das Maß der göttlichen Strafe. Bei der Strafe heißt es: „bis in das dritte und vierte Geschlecht" (Exodus 20, 5). Bei der Gnade dagegen heißt es: „bis ins tausendste Geschlecht" (Exodus 20, 6. Der hebräische Text spricht von *alaphim,* was „Tausende" bedeutet. Bei einem unspezifizierten Plural wird von den Rabbinen immer ein Minimum von zwei angenommen. Das würde in diesem Fall „zweitausend Geschlechter" bedeuten.) Es folgt daraus, daß das Maß der göttlichen Gnade fünfhundertmal größer ist als das Maß der göttlichen Strafe.

Tossephta Sotah 4, 1, ed. Lieberman, S. 167

Kein Widerspruch

Es wurde auf einen Widerspruch hingewiesen. Ein Vers sagt: „Er ahndet die Schuld der Väter an Kindern und Kindeskindern bis in das dritte und vierte Geschlecht" (Exodus 34, 7); und ein anderer Vers sagt: „Väter sollen nicht der Kinder wegen getötet werden, und Kinder sollen nicht der Väter wegen getötet werden" (Deuteronomium 24, 16).

Darauf wurde geantwortet, daß hier kein Widerspruch besteht. Der eine Vers spricht von Kindern, die die bösen Taten ihrer Väter weiterführen. Der andere Vers spricht von Kindern, die nicht die bösen Taten ihrer Väter weiterführen.

B. *Berakhoth* 7a

Beim Vater im Himmel beliebt

„*...der aber Gnade erweist bis ins tausendste Geschlecht derer, die Mich lieben und Meine Gebote halten.*"

„Die Mich lieben" bezieht sich auf unseren Vater Abraham und auf Menschen, die ihm ähnlich sind.

„Und Meine Gebote halten" bezieht sich auf die Propheten und auf die Ältesten.

Rabbi Nathan sagt: „Die Mich lieben und Meine Gebote halten" bezieht sich auf diejenigen, die (zur Zeit der römischen Besetzung und Religionsverfolgung) im Lande Israel leben und ihr Leben für die Gebote opfern.

„Warum wirst du hinausgeführt, um enthauptet zu werden?"

„Weil ich meinen Sohn als Juden beschnitten habe."

„Warum wirst du hinausgeführt, um verbrannt zu werden?"

„Weil ich aus der Torah vorgelesen habe.“

„Warum wirst du hinausgeführt, um gekreuzigt zu werden?“

„Weil ich (am Passahfest) ungesäuertes Brot gegessen habe.“

„Warum wirst du hinausgeführt, um mit hundert Prügelhieben gegeißelt zu werden?“

„Weil ich (am Laubhüttenfest) den Feststrauß (vgl. Leviticus 23,40) in die Hand genommen habe.“

Diese Wunden machen mich bei meinem Vater im Himmel beliebt.

Mekhilta, Baḥodesch, Kap. 6, ed. Horovitz-Rabin, S. 227

III

Das dritte Gebot

DU SOLLST DEN NAMEN DES HERRN,
DEINES GOTTES,
NICHT MISSBRAUCHEN;
DENN DER HERR LÄSST
DEN NICHT UNGESTRAFT,
DER SEINEN NAMEN MISSBRAUCHT.

Exodus 20,7

Der Schwur der Nichtigkeit

Die hebräischen Worte in Exodus 20,7, die hier als „Du sollst den Namen des Herrn, deines Gottes, nicht mißbrauchen" wiedergegeben worden sind, bedeuten wörtlich: „Trage nicht den Namen des Herrn, deines Gottes, zur Nichtigkeit" – wobei das letzte Wort das hebräische Wort *schaw* (= „Nichtigkeit, Lügenhaftigkeit") übersetzt. Daraus entstand im rabbinischen Judentum der terminus technicus *schebhu'ath schaw* (= „vergeblicher oder lügenhaftiger Schwur"), der sich sowohl auf einen unnötigen (aber wahren) als auch auf einen lügenhaften Schwur bezieht. Beide gelten als von dem dritten der Zehn Gebote untersagt. Moses Maimonides (1135–1204) hat die einschlägigen rabbinischen Erörterungen, besonders von *Mischnah Schebhu'oth,* Kap. 3, folgendermaßen systematisiert:

Es gibt vier Arten des *schebhu'ath schaw:*

1. Wenn jemand schwört, daß etwas, das bekannt ist, nicht so ist. Zum Beispiel, wenn er schwört, daß ein Mann eine Frau ist oder eine Frau ein Mann, daß eine Marmorsäule aus Gold ist und dergl. mehr.

2. Wenn jemand schwört, daß etwas, worüber kein Zweifel besteht, tatsächlich so ist. Zum Beispiel, wenn er schwört, daß der Himmel der Himmel ist oder daß ein Stein ein Stein ist oder daß zwei zwei sind und dergl. mehr. Das sind alles Dinge, über die der vernünftige Mensch keinen Zweifel hat, so daß es notwendig wäre, die Sache durch einen Schwur zu bekräftigen.

3. Wenn jemand schwört, daß er die Gebote

nicht halten wird. Zum Beispiel, wenn er schwört, daß er sich nicht in ein Gewand mit Schaufäden (Numeri 15,37–41) hüllen wird oder daß er die Gebetsriemen (Deuteronomium 6,8) nicht anlegen wird oder daß er am Laubhüttenfest nicht in der Laubhütte (Leviticus 23,42–43) wohnen wird oder daß er am Passahabend kein ungesäuertes Brot (Leviticus 23,6) essen wird oder daß er am Sabbath und an Feiertagen (wenn es verboten ist) fasten wird und dergl. mehr.

4. Wenn jemand schwört, etwas zu tun, wozu ihm die Kraft fehlt. Zum Beispiel, wenn er schwört, daß er drei aufeinanderfolgende Tage und Nächte nicht schlafen wird oder daß er sieben aufeinanderfolgende Tage lang keine Speise kosten wird und dergl. mehr.

Moses Maimonides,
Mischneh Torah, Hilkhoth Schebhu'oth 1,4–7

Der göttliche Richter

„Du sollst den Namen des Herrn, deines Gottes, nicht mißbrauchen."

Warum wurde das gesagt?

Weil es in Leviticus 19,12 heißt: „Ihr sollt bei Meinem Namen nicht falsch schwören", hätte ich meinen können, daß man in der Tat nicht schwören soll. Woher sollte ich aber wissen, daß man noch nicht einmal das Schwören auf sich nehmen darf? Deshalb sagt die Heilige Schrift: „Du sollst den Namen des Herrn, deines Gottes, nicht mißbrauchen." Ehe du noch das Schwören auf dich genommen hast, bin ich dein Gott. Aber nachdem du das Schwören auf dich genommen hast, bin ich dein Richter. Daher heißt es auch: „Denn der Herr läßt den nicht ungestraft, der Seinen Namen mißbraucht."

Es ist an sich unmöglich, zu sagen: „Er läßt nicht ungestraft", denn es heißt ja (in Exodus 34,7, wenn man die hebräischen Worte dort aus ihrem Zusammenhang reißt): „Er läßt ungestraft." Aber es ist genauso unmöglich, zu sagen: „Er läßt ungestraft", denn es heißt ja in Exodus 34,7 auch (wenn man die Worte nicht aus ihrem Zusammenhang reißt): „Er läßt nicht ungestraft." Es bedeutet also, daß Er diejenigen, die Umkehr tun, ungestraft läßt, aber diejenigen, die nicht Umkehr tun, nicht ungestraft läßt.

Mekhilta, Baḥodesch, Kap. 7, ed. Horovitz-Rabin, S. 227

Der unnötige Schwur

Chiskijah lehrte:

Wer schwört, daß zwei zwei sind, erhält die Prügelstrafe wegen eines unnötigen Schwurs.

P. *Schebhu'oth,* III, 10, ed. Krotoschin, p. 34d

Sich in den Gebetsmantel hüllen und sündigen gehen

„Du sollst den Namen des Herrn, deines Gottes, nicht mißbrauchen."

Rabbi Bebai lehrte:

Wenn es sich hier nur um einen falschen Schwur handeln würde, dann hätte es die Heilige Schrift hier nicht zu erwähnen brauchen, denn es heißt ja in Leviticus 19,12: „Ihr sollt nicht falsch schwören bei Meinem Namen." Was also ist die Bedeutung von: „Du sollst den Namen des Herrn, deines Gottes, nicht mißbrauchen"? Es bedeutet, daß du nicht die Gebetsriemen anlegen sollst, dich in den Gebetsmantel hüllst und dann sündigen gehst.

Pessiqta Rabbathi, Kap. 22, ed. Friedmann, p. 111b

Das verbotene Gebet

Rabbi Simon lehrte:

Wenn es sich hier nur um einen falschen Schwur handeln würde, dann hätte es die Schrift hier nicht zu erwähnen brauchen, denn es heißt ja in Leviticus 19,2: „Ihr sollt nicht falsch schwören bei Meinem Namen." Was also ist die Bedeutung von: „Du sollst den Namen des

Herrn, deines Gottes, nicht mißbrauchen"? Das bezieht sich auf einen wahren Schwur, der unnötig ist.

Rabbi Chonja und Rabbi Jakob bar Abin lehrten im Namen des Rabbi Samuel bar Nachman:

Vierundzwanzig Stadtgemeinden im Süden Judäas wurden zerstört, nur weil man dort wahre Schwüre, die unnötig waren, abnahm.

Chiskijah lehrte:

Selbst wenn ein Mann schwört, daß ein Olivenbaum ein Olivenbaum ist oder daß ein Feigenbaum ein Feigenbaum ist, hat er Gottes Namen mißbraucht.

Rabbi Chaggai und Rabbi Menachem lehrten im Namen des Rabbi Simeon ben Lakisch:

Wenn jemand auf den Marktplatz geht und sieht, daß es regnet, und er dennoch betet: „O Herr, laß es stark regnen!", dann hat er den Namen des Herrn mißbraucht.

Pessiqta Rabbathi, Kap. 22, ed. Friedmann, p 112b–113a

„Euer Ja sei ein Ja“

„Eine richtige Waage und richtige Gewichte, ein richtiges Epha und ein richtiges Hin sollt ihr haben“ (Leviticus 19,36).

(Epha und Hin sind biblische Hohlmaße. Aber das Wort „Hin“ klingt auch an das aramäische Wort *hin*, das „Ja“ bedeutet, an.)

Rabbi Jossé, der Sohn Rabbi Judahs, sagte:

Was bedeutet das Schriftwort vom „richtigen Hin“? Das Gesetz vom „richtigen Hin“ folgt doch logisch aus dem Gesetz vom „richtigen Epha“ und hätte daher nicht besonders erwähnt werden sollen!

Es muß also eine eigene Bedeutung haben, nämlich: Dein Ja *(hin)* soll ein richtiges Ja sein und dein Nein ein richtiges Nein!

Abaje sagte:

Das heißt, daß man nicht mit dem Mund etwas sagen darf, wenn man im Herzen anders denkt.

B. *Baba Mezi'a* 49a. Vgl. Matthäus 5,37

IV

Das vierte Gebot

GEDENKE DES SABBATHTAGES,
IHN ZU HEILIGEN.
SECHS TAGE SOLLST DU ARBEITEN
UND ALL DEIN WERK VERRICHTEN.
ABER DER SIEBENTE TAG IST EIN SABBATH
DEM HERRN, DEINEM GOTTE.
DA SOLLST DU KEINERLEI WERK VERRICHTEN –
WEDER DU NOCH DEIN SOHN
ODER DEINE TOCHTER,
NOCH DEIN KNECHT ODER DEINE MAGD,
NOCH DEIN VIEH, NOCH DER FREMDE,
DER IN DEINEN TOREN IST.
DENN IN SECHS TAGEN HAT DER HERR
HIMMEL UND ERDE GEMACHT,
DAS MEER UND ALLES, WAS IN IHNEN IST;
ABER AM SIEBENTEN TAG HAT ER GERUHT.
DAHER HAT DER HERR
DEN SABBATHTAG GESEGNET
UND IHN GEHEILIGT.

Exodus 20, 8–11

Mit dem Sabbath vermählt

„Gedenke des Sabbathtages, ihn zu heiligen.“

(Das hebräische Verbum *qaddesch* = „heiligen“, das hier gebraucht wird, ist auch das Verbum, das in anderen Zusammenhängen die Eheschließung bedeuten kann.)

Rabbi Berechja lehrte:

Der Sabbath der Schöpfung stand ohne Partner da. Sonntag ging mit Montag, Dienstag mit Mittwoch und Donnerstag mit Freitag. Aber der Sabbath hatte keinen Partner...

Rabbi Simeon ben Jochai lehrte:

Der Sabbath sprach zu dem Heiligen, gelobt sei Er: „Herr der Welten, alle anderen Tage haben Partner. Wie kommt es, daß ich keinen Partner habe?“

Da antwortete der Heilige, gelobt sei Er: „Die Gemeinde Israels wird dein Partner sein.“

Als dann die Israeliten vor dem Berge Sinai standen, sprach Gott zu ihnen: „Gedenket des Wortes, das Ich einst zum Sabbath sprach: ‚Die Gemeinde Israels wird dein Partner sein‘!“

Daher heißt es: „Gedenke des Sabbathtages, ihn zu heiligen *(leqaddescho).*“ Das bedeutet: dich mit ihm zu vermählen.

Genesis Rabbah, XI, 8, ed. Theodor-Albeck, Bd. I, S. 95–96; vgl. *Pessiqta Rabbathi,* Kap. 23, ed. Friedmann, p. 117b

Die Liebesgabe

Rabbi Eleasar, Sohn des Rabbi Zadok, sagte:

Mein Vater pflegte am Sabbatheingang folgendes kurzes Gebet zu sprechen:

„Aus Deiner Liebe, Herr, unser Gott, mit der Du Dein Volk Israel geliebt hast, und aus Deinem Erbarmen, unser König, das Du Deinen Bundesgenossen erwiesen, hast Du uns, Herr, unser Gott, diesen großen und heiligen siebenten Tag in Liebe gegeben."

Tossephta Berakhoth 3,7, ed. Lieberman, S. 13f

Ein gewisses Gewürz

Der römische Kaiser fragte einmal den Rabbi Josua ben Chananja:

„Wie kommt es, daß eure Sabbathspeise so einen köstlichen Geruch hat?"

„Wir benutzen", antwortete er, „ein gewisses Gewürz, das Sabbath heißt, und tun es in die Speise. Daher kommt der köstliche Geruch."

„Dann gib uns doch etwas von diesem Gewürz", bat der Kaiser.

„Das würde dir nichts nützen", antwortete der Rabbi. „Es nützt nur dem, der den Sabbath hält. Für den, der den Sabbath nicht hält, ist es nutzlos."

B. *Schabbath* 119a

Die zwei Engel

Es wurde gelehrt:

Rabbi Jossé, der Soḥn Rabbi Judahs, sagte:

Wenn am Freitagabend ein Mann von der Synagoge nach Hause geht, begleiten ihn zwei Engel, ein guter und ein böser. Kommt er zu Hause an und findet, daß die Lampe brennt, der Tisch gedeckt ist und das Bett gemacht ist, dann ruft der gute Engel aus: „So möge es auch am nächsten Sabbath sein!" Und der böse Engel muß gezwungenermaßen mit „Amen" antworten. Ist all das aber nicht der Fall, dann ruft der böse Engel aus: „So möge es auch am nächsten Sabbath sein!" Und der gute Engel muß gezwungenermaßen mit „Amen" antworten.

B. *Schabbath* 119b

Verbotene Arbeit

Das Sabbathgebot verbietet die Arbeit am siebenten Tag. Aber weder dieses Gebot noch andere Teile der Heiligen Schrift geben eine Definition von „Arbeit". Es ist jedoch gerade diese Definition, der sich die Rabbinen auf vielen Seiten ihrer Literatur widmen. Die hier folgende Aufzählung der Hauptkategorien von „Arbeit" wird zum Sprungbrett ausgiebiger Diskussionen. Es handelt sich hier eben wirklich nur um die Hauptkategorien.

Es gibt neununddreißig Hauptkategorien der am Sabbath verbotenen Arbeit: – 1. säen, 2. ackern, 3. ernten, 4. Garben binden, 5. dreschen, 6. worfeln, 7. Früchte säubern, 8. mahlen, 9. sieben, 10. kneten, 11. backen, 12. Wolle scheren, 13. Wolle waschen, 14. Wolle klopfen, 15. Wolle färben, 16. spinnen, 17. anzetteln, 18. zwei Binde-Litzen machen, 19. zwei Fäden weben, 20. zwei Fäden trennen, 21. einen Knoten machen, 22. einen Knoten auflösen, 23. mit zwei Stichen festnähen, 24. zerreißen, um mit zwei Stichen festzunähen, 25. ein Reh fangen, 26. ein Reh schlachten, 27. die Haut eines Rehs abziehen, 28. das Fleisch des Rehs salzen, 29. das Fell bereiten, 30. die Haare abschaben, 31. das Reh zerschneiden, 32. zwei Buchstaben schreiben, 33. auslöschen, um zwei Buchstaben zu schreiben, 34. bauen, 35. einreißen, 36. Feuer löschen, 37. Feuer anzünden, 38. mit dem Hammer schlagen, 39. aus einem Bereich in einen anderen tragen.

Mischnah Schabbath 7,2

Das Zeugnis

„Beobachtet den Sabbath, denn heilig sei er euch“ (Exodus 31, 14).

Das lehrt, daß der Sabbath den Israeliten Heiligkeit hinzufügt.

„Warum ist der Laden von So-und-so geschlossen?“

„Weil er den Sabbath hält.“

„Warum ist So-und-so heute nicht bei der Arbeit?“

„Weil er den Sabbath hält.“

Dadurch legt er ein Zeugnis ab für Ihn, der da sprach und die Welt entstand, daß Er in sechs Tagen die Welt erschuf und am siebenten ruhte. Daher heißt es auch in Jesaja 43, 12: „Ihr seid Meine Zeugen, spricht der Herr, und Ich bin Gott.“

Mekhilta, Schabbatha, Kap. 1, ed. Horovitz-Rabin, S. 341

Waffen sind kein Schmuck

Am Sabbath darf der Mann nicht ausgehen mit einem Schwerte, einem Bogen, einem dreieckigen oder runden Schilde und einem Spieße. Ist er aber dennoch mit diesen Waffen am Sabbath ausgegangen, ist er schuldig und verpflichtet, ein Sündopfer zu bringen.

Rabbi Elieser meinte, er sei nicht schuldig, denn diese Waffen dienen doch nur zum Schmuck.

Die Weisen aber meinten, daß Waffen nie Schmuck sind. Sie sind eine Schmach. Denn von der messianischen Zukunft heißt es in Jesaja 2,4: „Dann werden sie ihre Schwerter zu Pflugscharen und ihre Lanzen zu Winzermessern umschmieden; kein Volk wird mehr gegen das andere das Schwert erheben, und man wird sich nicht mehr für den Krieg üben."

Mischnah Schabbath 6,4

Göttliche Pädagogik

„Aber am siebenten Tag hat Er geruht."

Kann man denn von Mühe bei Ihm reden, so daß Er sich ausruhen mußte? Heißt es denn nicht in Jesaja 40,28: „Er ermattet nicht; Er ermüdet nicht"? Ja im Gegenteil, es heißt in Jesaja 40,29: „Er gibt den Müden Kraft." Auch steht im Psalm 33,6: „Durch das *Wort* des Herrn wurden die Himmel geschaffen." Was hat also die Heilige Schrift im Sinn, wenn sie sagt: „Aber am siebenten Tag hat Er geruht"?

Wenn man so sagen könnte, Gott hat (aus rein pädagogischen Gründen) über Sich schreiben lassen, daß Er Seine Welt in sechs Tagen erschuf und daß Er am siebenten Tag ruhte. Wir aber müssen folgende Konsequenz daraus ziehen: Wenn schon Gott, bei dem es keine Mühe gibt, über Sich schreiben ließ, daß Er Seine Welt in sechs Tagen erschuf und am siebenten ruhte, um wieviel mehr muß dann der Mensch, der, laut Hiob 5,7, tatsächlich „zum Mühsal geboren ist", am siebenten Tag ruhen!

Mekhilta, Baḥodesch, Kap. 7, ed. Horovitz-Rabin, S. 230; vgl. *Pessiqta Rabbathi,* Kap. 23, ed. Friedmann, p. 117a

„Als ob dein Werk bereits getan ist"

„Sechs Tage sollst du arbeiten und all dein Werk verrichten."

Aber kann denn der Mensch *all* sein Werk in nur sechs Tagen schaffen? Gewiß nicht! Es bedeutet hier nur: „Ruhe, *als ob* dein Werk bereits getan ist!"

Eine andere Erklärung: Ruhe vom *Gedanken* an die Arbeit. Deshalb heißt es auch in Jesaja 58, 13–14: „Wenn du zurückhältst deinen Fuß um des Sabbaths willen, dein Geschäft zu verrichten an Meinem heiligen Tage, und nennst den Sabbath eine Lust, ... dann wirst du dich ergötzen an dem Herrn usw."

Mekhilta, Baḥodesch, Kap. 7, ed. Horovitz-Rabin, S. 230

Verbotene Gedanken

Rabbi Berechja erzählte:

Es geschah einmal, daß ein frommer Mann an einem Sabbath in seinem Weinberg spazierenging, um ausfindig zu machen, welche Arbeit im Weinberg zu leisten sei. Da sah er eine Bresche im Zaun und beschloß, sie nach Sabbathende zu reparieren. Dann aber sprach er: „Weil ich darüber an einem Sabbath nachgedacht habe, werde ich diese Bresche jetzt nie reparieren." Wie hat ihn der Heilige, gelobt sei Er, dafür belohnt? Ein Kaperbaum wuchs in der Bresche auf und vervollständigte den Zaun um den Weinberg; und von diesem Kaperbaum konnte sich der fromme Mann alle Tage seines Lebens ernähren.

Pessiqta Rabbathi, Kap. 23, ed. Friedmann, p. 116b

„Der Sabbath ist für den Menschen da“

So ernst und genau es auch die alten Rabbinen mit der Definition der am Sabbath „verbotenen Arbeit“ nahmen, so klar war es ihnen dennoch, daß es Situationen gibt, wo die Sabbathvorschriften vor noch höheren Werten weichen müssen. Welche höheren Werte ihnen dabei vorschwebten, soll aus den nachfolgenden Erörterungen ersichtlich sein.

Woher wissen wir, daß die Lebensrettung das Sabbathgesetz außer Kraft setzt?

Rabbi Jossé der Galiläer sagt: Wenn es in Exodus 31,13 heißt: „Jedoch Meine Sabbathe sollt ihr hüten“, so bedeutet dieses „Jedoch“, daß hier Unterschiede vorausgesetzt sind. Es gibt Sabbathe, an denen du nach dem Gesetz die Ruhe verdrängst, und es gibt Sabbathe, an denen du ruhst.

Rabbi Simeon ben Menassia sagt: Siehe, es heißt in Exodus 31,14: „Ihr sollt den Sabbath hüten, denn er ist heilig für euch.“ Euch ist der Sabbath gegeben worden, aber ihr seid nicht dem Sabbath ausgeliefert!

Rabbi Nathan sagt: Siehe, es heißt in Exodus 31,16: „Die Israeliten sollen den Sabbath hüten, daß sie den Sabbath in all ihren Geschlechtern halten.“ Das bedeutet, daß du, um ein Leben zu retten, den Sabbath entweihen mußt, damit derjenige, dessen Leben du rettest, noch viele Sabbathe halten kann.

Mekhilta, Schabbatha, Kap. 1, ed. Horovitz-Rabin, S. 341; vgl. *Tossephta Schabbath* 15,16, ed. Lieberman, S. 73f; b. *Joma* 85b. Und siehe Markus 2,27

Die Lebensrettung

Es lehrten unsere Meister:

Menschenleben werden am Sabbath gerettet, und je eifriger, desto besser. Eine Erlaubnis dazu soll nicht erst von den rabbinischen Autoritäten eingeholt werden.

B. *Joma* 84b

In Gottes Sache handeln

Raw Chisda und Raw Hamnuna sagten beide:

Abrechnungen für religiöse Zwecke dürfen am Sabbath gemacht werden.

Rabbi Eleasar sagte:

Man darf am Sabbath Bestimmungen über die Almosenverteilung unter den Armen treffen.

Rabbi Jakob bar Ida sagte im Namen Rabbi Jochanans:

Menschenleben werden am Sabbath gerettet, und man befaßt sich am Sabbath mit der Rettung von Gemeinden, und man darf in die Synagogen gehen, um sich dort um Gemeindeangelegenheiten zu bemühen.

Rabbi Samuel bar Nachmani sagte sogar:

Man darf selbst in die Theater, Zirkusse und Basiliken am Sabbath gehen, wenn es sich darum handelt, die Gemeindeinteressen zu vertreten.

Ferner wurde in der Schule Menassehs gelehrt: Man darf am Sabbath Anordnungen zur Verlobung junger Bräute treffen, und man darf für die religiöse und handwerkliche Erziehung der Kinder am Sabbath Verabredungen treffen.

In der Heiligen Schrift (Jesaja 58, 13) ist nämlich nur davon die Rede, daß du am Sabbath nicht *deine* Geschäfte verrichtest und *deinen* Wegen nachgehst. In Gottes Sache zu handeln ist dagegen erlaubt.

B. *Schabbath* 150a

V

Das fünfte Gebot

EHRE DEINEN VATER
UND DEINE MUTTER,
AUF DASS DEINE TAGE
LANG WERDEN AUF DEM BODEN,
DEN DIR DER HERR,
DEIN GOTT, GIBT.

Exodus 20,12

Feierliche Proklamation

„Es preisen Dich, Herr, alle Könige der Erde, wenn sie die Worte Deines Mundes hören.“ (Psalm 138,4)

Als Er sprach: „Ich bin der Herr, dein Gott“ (Exodus 20,2), da sagten sich die Könige der Völker: „Welcher König will schon, daß man ihn *nicht* anerkennt? So will auch der Heilige, gelobt sei Er, daß man Ihn nicht verleugnet.“

Als Er sprach: „Du sollst neben Mir keine anderen Götter haben“ (Exodus 20,3), da sagten sie sich: „Welcher König will schon seine Herrschaft mit einem anderen teilen?“

Als der Heilige, gelobt sei Er, sprach: „Du sollst den Namen des Herrn, deines Gottes nicht mißbrauchen“ (Exodus 2/,7), da sagten sie sich: „Welcher König will schon, daß man bei seinem Namen schwört und lügt?“

Als der Heilige, gelobt sei Er, sprach: „Gedenke des Sabbathtages, ihn zu heiligen“ (Exodus 20,8), da sagten sie sich: „Welcher König würde denn schon darauf verzichten, daß man seinen Geburtstag in Ehren hält? So will eben der Heilige, gelobt sei Er, daß die Israeliten den Sabbathtag in Ehren halten.“

Als Er aber sprach: „Ehre deinen Vater und deine Mutter“ (Exodus 20,12), da sagten sie: „Wenn sich nach unseren Gesetzen jemand durch feierlichen Schwur dem König als Diener verschreibt, dann muß er seinen eigenen Eltern entsagen. Dieser dagegen verlangt in feierlicher Proklamation: ‚Ehre deinen Vater und deine Mutter!' "

Da standen sie von ihren Thronen auf und priesen den Heiligen, gelobt sei Er.

Pessiqta Rabbathi, Kap. 23/24, ed. Friedmann, p. 121a, b

Gottesehre und Elternehre

Rabbi (Judah der Patriarch) lehrte:

Lieb in den Augen dessen, der da sprach und die Welt entstand, ist die Ehre, die Vater und Mutter zu erweisen ist. Er setzt nämlich die Ehre und den Respekt, die den Eltern zu erweisen sind, mit der Ehre und dem Respekt, die Ihm zu erweisen sind, gleich. Auch ist das Verfluchen der Eltern dem Verfluchen Gottes gleichgesetzt.

Es steht in Exodus 20,2 geschrieben: „Ehre deinen Vater und deine Mutter." Und dementsprechend steht in Sprüche Salomos 3,9 geschrieben: „Ehre den Herrn mit deinem Vermögen." Die Ehre von Vater und Mutter und die Ehre, die dem Allgegenwärtigen gebührt, werden also gleichgesetzt.

Es steht in Leviticus 19,3 geschrieben: „Ein jeder von Euch soll vor seiner Mutter und seinem Vater Ehrfurcht haben." Und dementsprechend steht in Deuteronomium 6,13 geschrieben: „Vor dem Herrn, deinem Gott, sollst du Ehrfurcht haben." Die Ehrfurcht vor Vater und Mutter wird also der Ehrfurcht vor dem Allgegenwärtigen gleichgesetzt.

Es steht in Exodus 21,17 geschrieben: „Wer seinem Vater oder seiner Mutter flucht, soll getötet werden." Und dementsprechend steht in Leviticus 24,15 geschrieben: „Wer seinem Gotte flucht, lädt Sünde auf sich." Vater und Mutter fluchen wird also dem Allgegenwärtigen fluchen gleichgesetzt.

Mekhilta, Baḥodesch, Kap. 8, ed. Horovitz-Rabin, S. 231; vgl. *Pessiqta Rabbathi,* Kap. 23/24, ed. Friedmann, p. 122b

Sie sind beide gleichwertig

„Ehre deinen Vater und deine Mutter." (Exodus 20,12)
„Ein jeder von euch soll vor seiner Mutter und seinem Vater Ehrfurcht haben." (Leviticus 19,3)
Rabbi (Judah der Patriarch) lehrte:

Offenbar und bekannt ist es Ihm, der da sprach und die Welt entstand, daß der Mensch seine Mutter mehr als seinen Vater ehrt. Denn die Mutter beschwichtigt ihn mit sanften Worten.

Auch ist es Ihm, der da sprach und die Welt entstand, offenbar und bekannt, daß der Mensch seinen Vater mehr als seine Mutter respektiert. Denn der Vater lehrt ihn die Torah. Daher in dem Gebot, das von dem Respekt handelt, nennt Er die Mutter vor dem Vater.

Es herrscht nämlich das Prinzip, daß da, wo die Torah an einer Stelle etwas unvollständig ausdrückt, sie es an einer anderen Stelle vervollständigt.

Oder meinst du etwa, daß, weil der eine oder der andere in einem Text zuerst erwähnt wird, er auch in der Tat dem anderen vorzuziehen ist? Nein, deshalb heißt es ja gerade in der Heiligen Schrift: „Ein jeder von euch soll vor seiner Mutter und seinem Vater Ehrfurcht haben." Das bedeutet, daß sie beide gleichwertig sind und dementsprechend behandelt werden müssen.

Mekhilta, Baḥodesch, Kap. 8, ed. Horovitz-Rabin, S. 232; vgl. b. *Qidduschin* 30b–31a

Mehr als bloße Worte

„Ehre deinen Vater und deine Mutter."

Daraus könnte ich entnehmen, daß ich die Eltern nur mit Worten zu ehren brauche. Um aber ein solches Verständnis auszuschließen, sagt die

Heilige Schrift in Sprüche Salomos 3,9 „Ehre den Herrn mit deinem Vermögen." „Ehre" bedeutet also mehr als bloße Worte. Hier heißt es daher soviel wie: „Ehre deine Eltern mit Speise und mit Trank und mit sauberer Kleidung."

Mekhilta, Baḥodesch, Kap. 8, ed. Horovitz-Rabin, S. 231

Der Verantwortung des irdischen Gerichts entzogen

„Ehre deinen Vater und deine Mutter, auf daß deine Tage lang werden."

Wenn du sie ehrst, werden deine Tage lang werden. Ehrst du sie aber nicht, werden deine Tage kurz sein. Denn die Worte der Torah sind Abkürzungen. Sie müssen folgendermaßen erklärt werden: Aus dem Positiven ersiehst du das Negative, und aus dem Negativen ersiehst du das Positive.

„Auf dem Boden, den dir der Herr, dein Gott gibt."

Auf Grund dieses Satzes haben die Weisen gelehrt: Jedes Gebot, bei dem der Lohn in der Heiligen Schrift gleich dabei erwähnt wird, ist der Verantwortung des irdischen Gerichts entzogen.

Mekhilta, Baḥodesch, Kap. 8, ed. Horovitz-Rabin, S. 232

Wie weit geht die Elternehre?

Einst wurde Rabbi Elieser gefragt: „Wie weit erstreckt sich eigentlich die Ehre, die wir den Eltern schulden?"

Er antwortete: „Warum fragt ihr mich? Fragt doch den Dama ben Nethina!"

Dama ben Nethina, ein Heide, war Oberhaupt der Ratsversammlung in Askalon. Eines Tages schlug ihn seine Mutter mit einem Schuh vor der ganzen anwesenden Ratsversammlung. Da fiel ihr der Schuh aus der Hand. Dama aber hob den Schuh auf und gab ihn seiner Mutter zurück, damit sie sich nicht zu bemühen brauche.

Auch saß Dama nie auf dem Stein, auf dem sein Vater saß. Als sein Vater starb, verehrte Dama diesen Stein als einen heiligen Gegenstand.

Einmal ging der Jaspis aus dem Brustschild des Hohenpriesters (vgl. Exodus 28, 15–21) verloren. Der Jaspis repräsentierte den Stamm Benjamin. Man fragte nun, wer einen solchen Stein habe, und erhielt die Auskunft, daß Dama ben Nethina einen Jaspis besaß.

Da kamen die Weisen Israels zu Dama ben Nethina und vereinbarten mit ihm, den Stein für hundert Denarii zu kaufen. Als aber Dama den Stein holen wollte, fand er, daß sein Vater auf dem Kästchen, in dem der Jaspis aufbewahrt wurde, schlief, und er weigerte sich, seinen Vater deshalb zu wecken. Die Weisen boten ihm nun zweihundert Denarii an, da der Jaspis so dringend gebraucht wurde. Jedoch Dama weigerte sich immer noch, seinen Vater zu wecken. Da boten ihm die Weisen eintausend Denarii an. Aber Dama weckte seinen Vater nicht.

Als dann der Vater später erwachte, brachte Dama den Weisen den Stein. Sie wollten ihm dafür den zuletzt angebotenen Preis von eintausend Denarii zahlen. Er aber sprach: „Wie sollte ich euch die Ehre, die ich meinem Vater schulde, für Geld verkaufen! Ich will mir dafür nichts bezahlen lassen."

Wie hat Gott ihn dafür belohnt? Rabbi Jossé bar Abun erzählte, daß Damas Kuh in derselben Nacht ein rotes Kalb gebar; und als die Israeliten eine rote Kuh zum Reinigungsritual (vgl. Numeri 19, 1–22) brauchten, gaben sie dem Dama für die Kuh ihr Gewicht in Gold.

P. *Pe-ah* I, 1, ed. Krotoschin, p. 15c;
vgl. b. *Qidduschin* 31a; *Pessiqta-Rabbathi*,
Kap. 23/24, ed. Friedmann, p. 123b–124a.
Hier zitiert aus: Jakob J. Petuchowski,
Es lehrten unsere Meister.
Freiburg i. Br. 1979, S. 90–91

Er ließ den Vater arbeiten und kam ins Paradies

Einer gab seinem Vater fettes Geflügel zu essen, und er kam dennoch in die Hölle. Ein anderer spannte seinen Vater an die Mühle an, und er erwarb sich trotzdem das Paradies.

Wie hatte es sich im ersten Fall zugetragen?

Ein Mann ernährte seinen Vater mit fettem Geflügel. Als der Vater ihn einmal fragte, wie er sich denn das teure Geflügel leisten könnte, wies ihn der Sohn ab: „Du Alter, friß und kau – so wie die Hunde fressen und kauen!"

So hatte der Mann zwar seinen Vater mit fettem Geflügel ernährt; er kam aber dennoch in die Hölle.

Im zweiten Fall ging es folgendermaßen vor sich:

Ein Mann war damit beschäftigt, in der Mühle zu mahlen. Da kamen die Häscher, um den Vater zur Zwangsarbeit für die Regierung zu holen. Der Sohn aber sprach zum Vater: „Vater, mahle für mich. Wenn es nämlich bei der Zwangsarbeit zu Beschämungen kommt, sollen sie lieber mir als dir geschehen. Wenn es zu Schlägen kommt, sollen sie lieber mich als dich treffen."

So geschah es, daß er zwar seinen alten Vater

an die Mühle anspannte, sich aber trotzdem das Paradies erwarb.

P. *Qidduschin* I, 7, ed. Krotoschin, p. 61b;
vgl. b. *Qidduschin* 31a, b; *Pessiqta Rabbathi*, Kap. 23/24,
ed. Friedmann, p. 122b–123a

Die Wahl

Handelt es sich darum, etwas Verlorenes zurückzubringen, und man hat die Wahl zwischen seinem eigenen Verlorenen und dem Verlorenen seines Vaters, so geht das eigene Verlorene vor.

Handelt es sich um das eigene Verlorene und das Verlorene seines Lehrers, geht das eigene Verlorene vor.

Handelt es sich um das Verlorene seines Vaters und das Verlorene seines Lehrers, so geht das Verlorene seines Lehrers vor; denn sein Vater hat ihn nur in diese Welt gebracht, sein Lehrer aber, der ihn Weisheit gelehrt hat, bringt ihn zum Leben in der kommenden Welt.

Ist aber sein Vater selbst ein Weiser, so geht das Verlorene seines Vaters vor.

Tragen sein Vater und sein Lehrer eine Last, so nehme er zuerst die Last des Lehrers ab, und nachher nehme er die des Vaters ab.

Sind sein Vater und sein Lehrer im Gefängnis,

so löse er zuerst seinen Lehrer, und nachher löse er seinen Vater aus.

Ist aber sein Vater selbst ein Weiser, so löse er zuerst seinen Vater, und nachher löse er seinen Lehrer aus.

Mischnah Baba Mezi'a 2, 11

VI

Das sechste Gebot

DU SOLLST NICHT MORDEN.

Exodus 20,13

Der Schädel auf dem Wasser

Hillel sah einmal einen Schädel auf dem Wasser schwimmen. Er redete ihn an: „Weil du andere ertränkt hast, hat man dich ertränkt. Aber das Ende derer, die dich ertränkt haben, wird sein, daß auch sie ertrinken werden."

Mischnah Abhoth 2,6

Einmal in siebzig Jahren

Ein Gerichtshof, der einmal in sieben Jahren ein Todesurteil vollstrecken läßt, wird ein Verderben bringender Gerichtshof genannt.

Rabbi Eleasar ben Asarjah sagte: Das trifft schon zu, wenn es einmal in siebzig Jahren geschieht.

Rabbi Akiba und Rabbi Tarphon sagten beide: Wenn wir im Synedrion gesessen hätten, dann würde nie ein Mensch hingerichtet worden sein.

Rabbi Simeon ben Gamaliel wandte dagegen ein: Dann würden sie aber die Mörder in Israel vermehrt haben.

Mischnah Makkoth 1,10

Die öffentliche Beschämung

Während man heutzutage gewöhnlich eine Beschämung mit der Errötung des Beschämten in Verbindung bringt, bemerkten die alten Rabbinen, daß ein Beschämter auch erblaßt. Es war dieses Erblassen, das ihnen den Ausdruck für die Beschämung lieferte. Er hieß: „Das Gesicht seines Nächsten erblassen lassen". Auf diese Weise wurde dann auch die öffentliche Beschämung eines Menschen mit dem Blutvergießen in Zusammenhang gebracht.

Ein Tradent von tannaitischen Lehrsätzen trug in der Gegenwart des Raw Nachman bar Isaak folgende Lehre vor:

Wer seinen Nächsten öffentlich beschämt, ist, als ob er Blut vergossen hat.

Da bemerkte Raw Nachman:

Das hast du gut gesagt, denn ich habe bei einer derartigen Gelegenheit einmal gesehen, wie die rote Farbe das Gesicht des Beschämten verließ und wie sein Gesicht weiß wurde.

B. *Baba Mezi'a* 58b. Und vgl. Matthäus 5,21

Die Blutvergießer

Rabbi Isaak lehrte: Verleumder sind wie diejenigen, die Blut vergießen....

Rabbi Elieser lehrte: Wer seinen Nächsten haßt, gehört zu den Blutvergießern....

Ben Asaj lehrte: Wer seine Frau haßt, gehört zu den Blutvergießern....

Derekh Erez, Pereq Hajozé, 13, ed. Higger, New York, 1935, S. 306–307. Vgl. auch Matthäus 5,21

VII

Das siebente Gebot

DU SOLLST NICHT EHEBRECHEN.

Exodus 20, 14

Ehebruch bricht alle Gebote

Rabbi Chanina lehrte:

Der Ehebrecher und die Ehebrecherin übertreten *alle* Zehn Gebote.

Da wurde ihm gesagt: Daß sie neun der Zehn Gebote übertreten, das geben wir zu. Wie aber übertreten sie das Sabbathgebot?

Das Gebot: „Ich bin der Herr, dein Gott" übertreten sie, denn jeder, der mit der Frau seines Nächsten Ehebruch begeht, ist, als ob er den Heiligen, gelobt sei Er, verleugnet. So heißt es auch in Jeremia 5, 12: „Sie verleugnen den Herrn und sprechen: ‚Er ist nicht; und das Unglück wird über uns nicht kommen'."

Das Gebot: „Du sollst neben Mir keine anderen Götter haben" übertreten sie, denn in diesem Gebot heißt es: „Ich, der Herr, dein Gott, bin ein eifervoller Gott"; und in Numeri 5, 14, wo von der des Ehebruchs verdächtigten Frau die Rede ist, wird zweimal von der Eifersucht gesprochen. Warum zweimal? Weil der Ehebrecher sowohl den Heiligen, gelobt sei Er, als auch den Ehemann zum Eifer reizt...

Das Gebot: „Du sollst den Namen des Herrn, deines Gottes, nicht mißbrauchen" übertreten sie, denn der Ehebrecher ist auch bereit, falsch zu schwören, daß er nichts getan hat.

Das Gebot „Ehre deinen Vater und deine Mutter" übertreten sie, denn, wenn die Ehebrecherin von dem Ehebrecher schwanger wird, sagt sie ihrem Mann, daß das Kind von ihm sei. Wenn das Kind dann aufwächst, ehrt es den Mann seiner Mutter in dem Glauben, daß er, der nicht sein Vater ist, dennoch sein Vater sei. Es kann dann vorkommen, daß das Kind auf der Straße den Ehebrecher mißachtet, weil er ja von ihm nicht weiß, daß er sein wirklicher Vater ist.

Das Gebot: „Du sollst nicht morden" übertreten sie, denn der Ehebrecher ist sich bewußt, daß, wenn er ertappt wird, er entweder töten oder getötet werden wird.

Daß sie das Gebot: „Du sollst nicht ehebrechen" übertreten, ist selbstverständlich.

Das Gebot: „Du sollst nicht stehlen" übertreten sie, denn der Ehebrecher stiehlt die Quelle seines Nächsten. Daher heißt es auch in Sprüche Salomos 9, 17, im Zusammenhang mit dem „törichten Weib": „Gestohlenes Wasser ist süß."

Das Gebot: „Du sollst wider deinen Nächsten kein falsches Zeugnis ablegen" übertreten sie, denn die Ehebrecherin legt wider ihren Ehemann falsches Zeugnis ab, indem sie ihm sagt: „Von dir bin ich schwanger."

Das Gebot: „Du sollst nicht begehren das Haus deines Nächsten; du sollst nicht Gelüste tragen nach dem Weib deines Nächsten" übertreten sie, denn er, der nach der Frau seines

Nächsten gelüstet und mit ihr Ehebruch begeht, gelüstet nach allem, was seinem Nächsten gehört. Wie ist das zu verstehen? Er begeht Ehebruch mit ihr und geht dann fort. Sie hat von ihm ein Kind, und ihr Ehemann meint, das Kind sei von ihm. Liegt er nun im Sterben, immer noch im Glauben, daß das Kind sein Sohn sei, verschreibt er ihm in seinem Testament all seine Besitztümer und läßt ihn alles, was er hat, erben – weil er ja nicht weiß, daß es nicht sein Sohn ist. Daher kann gesagt werden. daß der Ehebrecher alles, was seinem Nächsten gehört, begehrt.

Da sagten die anderen Weisen zu Rabbi Chanina: Daß die Ehebrecher neun der Zehn Gebote übertreten, haben wir dir ja zugestanden. Wie aber wird denn hier das Gebot: „Gedenke des Sabbathtages" übertreten?

Er antwortete ihnen:

Es kommt manchmal vor, daß ein Priester eine Frau aus priesterlicher Familie heiratet. Nun kommt ein iraelitischer Laie und begeht Ehebruch mit dieser Frau. Sie wird von ihm schwanger, aber die Menschen meinen, daß das von ihr geborene Kind ein Sohn ihres priesterlichen Ehemannes sei und daher (weil es sich um ein erbliches Priestertum handelt) auch Priester ist. Nun verrichtet dieser Sohn den Dienst im Tempel – wozu auch gehört, daß er am Sabbath das Holz für den Altar herrichtet und Opfer bringt, wozu ein Priester verpflichtet ist, was aber einem Laien streng verboten ist. Folglich entweiht er den Sabbath. So übertreten also die Ehebrecherin mit dem Ehebrecher alle Zehn Gebote.

Tanḥuma, Nasso, 4, ed. S. Buber, p. 13b–14a; vgl. *Tanḥuma, Nasso,* 2; *Numeri Rabbah* IX, 12

Sexueller Anreiz

Raw Schescheth lehrte: Jeder, der den kleinen Finger einer Frau betrachtet, ist, als ob er ihre Genitalia betrachtet...

Raw Chissda lehrte: Das Bein einer Frau gilt als sexueller Anreiz...

Samuel lehrte: Die Stimme einer Frau gilt als sexueller Anreiz...

Raw Schescheth lehrte: Das Haar einer Frau gilt als sexueller Anreiz...

B. *Berakhoth* 24a

Das Geldzählen

Es lehrten unsere Meister:

Wer Geld von seiner Hand in die Hand einer Frau zählt, nur um sie sich anzusehen, wird von der Höllenstrafe nicht verschont bleiben, selbst wenn er Torahgelehrsamkeit und gute Taten aufzuweisen hat.

B. *Berakhoth* 61a

Der Blick

Rabbi Acha, Sohn des Rabbi Josijah, lehrte:

Jeder, der seinen Blick auf die Frauen richtet, fällt der Macht der Sünde anheim.

B. *Nedarim* 20a. Vgl. auch Matthäus 5,28

Ehebruch schon vor der Tat

Rabbi Simeon ben Lakisch lehrte:

Denke nicht, daß nur derjenige ein Ehebrecher genannt wird, der mit seinem Körper die Ehe bricht. Wir finden, daß auch derjenige, der mit seinen Augen Ehebruch begeht, ein Ehebrecher genannt wird. Was ist der Beweis dafür? In Hiob 24,15 heißt es: „Das Auge des Ehebrechers wartet auf den Abend usw." Er wird also schon vor der Tat „Ehebrecher" genannt.

Pessiqta Rabbathi, Kap. 24, ed. Friedmann, p. 124b.
Vgl. auch Matthäus 5,28

VIII

Das achte Gebot

DU SOLLST NICHT STEHLEN.

Exodus 20,15

Der Gott von Simeon ben Schettach

Es geschah einmal, daß Rabbi Simeon ben Schettach von einem Araber einen Esel kaufte. Da kamen seine Jünger und fanden, daß ein Edelstein vom Halse des Esels hing.

Sie sprachen zu ihrem Lehrer: „Meister, hier bewährt sich doch Sprüche Salomos 10,22: ‚Der Segen des Herrn macht reich.'"

Er antwortete: „Den Esel habe ich gekauft. Den Edelstein habe ich nicht gekauft."

Er ging dann und gab dem Araber den Edelstein zurück.

Der Araber aber rief aus: „Gelobt sei der Herr, der Gott von Simeon ben Schettach!"

Deuteronomium Rabbah, III, 3

Der Dieb und der Räuber

Das Gesetz im Pentateuch macht einen Unterschied zwischen dem Dieb und dem Räuber. Der Dieb muß in gewissen Fällen, laut Exodus 21,37, das Vier- oder Fünffache zurückerstatten. Dagegen wird von dem Räuber, laut Leviticus 5,23, nur die Rückerstattung des von ihm Geraubten verlangt.

Rabban Jochanan ben Sakkai wurde von seinen Schülern gefragt: Warum bestraft die Torah den Dieb schwerer als den Räuber?

Er antwortete:

Der Räuber (der sein Verbrechen in aller Öffentlichkeit begeht) setzt die Ehre des Meisters (d.h. Gottes) der Ehre des Dieners (d.h. der Menschen) gleich. Der Dieb aber (der im geheimen stiehlt) setzt die Ehre des Meisters nicht der Ehre des Dieners gleich. Ja, wenn man so sagen könnte, tut er so, als ob Gottes Auge nichts sieht und Gottes Ohr nichts hört, wie es in Jesaja 29,15 heißt: „Wehe denen, die verborgen sein wollen vor dem Herrn, ihr Vornehmen zu verhehlen und ihr Tun im Finstern halten und sprechen: ‚Wer sieht uns, und wer kennt uns?" Oder wie es in Psalm 94,7 heißt: „Sie sprechen: ‚Der Herr sieht es nicht, und der Gott Jakobs merkt es nicht.'" Oder wie es in Ezechiel 9,9 heißt: „Denn sie sprechen: ‚Der Herr hat das Land verlassen, und der Herr sieht nicht.'"

Rabbi Meir erzählte folgendes Gleichnis im Namen Rabban Gamaliels:

Mit wem sind der Dieb und der Räuber zu vergleichen? Mit zwei Menschen, die in einer Stadt wohnten und Festgelage gaben. Einer lud die Stadtbewohner ein, aber nicht die königliche Familie. Der andere lud weder die Stadtbewohner noch die königliche Familie ein. Welcher von ihnen verdient die schwerere Strafe? Doch wohl derjenige, der die Stadtbewohner, aber nicht die königliche Familie eingeladen hatte.

B. *Baba Qamma* 79b

Menschendiebstahl

„Du sollst nicht stehlen." (Exodus 20,15)

Hiermit wird der Menschendiebstahl verboten.

Aber vielleicht ist das doch nicht so, und das Verbot richtet sich gegen den Diebstahl von Geld?

Nein! Wenn es in Leviticus 19,11 heißt: „Ihr sollt nicht stehlen", dann handelt es sich dort um das Stehlen von Geld. Was also bedeutet das Verbot in Exodus 20,15: „Du sollst nicht stehlen?" Es kann sich hier nur um Menschendiebstahl handeln....

Auch ist zu bemerken, daß in dieser Schriftstelle (Exodus 20,13–15, d.h. die Verbote von Mord, Ehebruch und Diebstahl) von drei Geboten die Rede ist, von denen es bei zwei (Mord und Ehebruch) klar ist, daß die Übertretung mit dem Tode bestraft wird, und bei einem (Diebstahl) es nicht klar ist. Wir müssen daher von den klaren Geboten auf das unklare folgern. In den klaren

Geboten handelt es sich um Gebote, bei deren Übertretung das Gericht einen zum Tode verurteilt. Folglich muß es sich bei dem unklaren auch um ein Gebot handeln, dessen Übertretung vom Gericht mit dem Tode bestraft wird. Gewöhnlicher Diebstahl wird aber nicht mit dem Tode bestraft. Menschendiebstahl wird dagegen so bestraft (Exodus 21,16). Folglich handelt es sich hier in Exodus 20,15 um das Verbot des Menschendiebstahls; und das Verbot in Leviticus 19,11 kann sich nur auf Gelddiebstahl beziehen.

Mekhilta, Baḥodesch, Kap. 8, ed. Horovitz-Rabin, S. 232; vgl. b. *Sanhedrin* 86a

Anmerkung: Diese Exegese basiert auf der axiomatischen Annahme, allgemein in der rabbinischen Schriftauslegung, daß es in der Torah keine unnötigen Wiederholungen gibt. Scheint ein und dasselbe Gesetz in zwei verschiedenen Stellen vorzukommen, so wird der Versuch gemacht, die zwei Stellen auf zwei verschiedene Fälle zu beziehen. Also muß sich das Verbot des Diebstahls, das sowohl in Exodus 20,15 als auch in Leviticus 19,11 erscheint, an jeder der beiden Stellen auf einen anderen Fall beziehen. Nun gibt es zwei Arten des Diebstahls: Diebstahl von Geld oder Besitz und Diebstahl von Menschen. Die Torah kennt beide. Die Frage ist nur, welche der beiden Stellen sich auf die eine Art, und welche sich auf die andere Art des Diebstahls bezieht. Da es sich in den anderen zwei Verboten in Exodus 20,13–15 um Vergehen handelt, die mit dem Tod bestraft werden, wird aus dem Zusammenhang gefolgert, daß das in Exodus 20,15 erwähnte Stehlen auch mit dem Tode bestraft wird. Nun gibt es aber nur eine Art des Diebstahls, die mit dem Tode bestraft wird: den Menschendiebstahl. Folglich kann sich das Verbot des Diebstahls in Exodus 20, 15 nur auf den Menschendiebstahl beziehen.

Interessanterweise kommt ein moderner nichtjüdischer Forscher, ohne sich auf die rabbinische Hermeneutik zu stützen, wenn auch nicht zu demselben, so doch jedenfalls zu einem ähnlichen Resultat. Siehe W. Kessler in: *Vetus Testamentum*, VII (1957), S. 12. Dazu vgl. Jakob J. Petuchowski in: *Vetus Testamentum*, VII (1957), S. 397–398.

Diebstahl der Kenntnis

Für das Täuschen gebraucht das rabbinische Hebräisch den Ausdruck *genebhath da'ath*, der wörtlich „Diebstahl der Kenntnis" bedeutet. Das Täuschen gilt daher als Übertretung des Achten Gebots. Wie ernst das von den Rabbinen genommen wurde, mögen die folgenden typischen Stellen zeigen.

Rabbi Meir lehrte:

Wenn jemand sich von seinem Nächsten Geld borgt, um damit Früchte zu kaufen, darf er sich mit diesem Geld keine Gefäße kaufen. Borgt er sich Geld, um damit Gefäße zu kaufen, darf er sich mit dem Geld keine Früchte kaufen. In diesen Fällen würde er nämlich den Leiher täuschen (wörtlich: weil er so die Kenntnis des Leihers stehlen würde).

Tossephta, Megillah, 1, 5, ed. Lieberman, S. 344

Rücksicht auf den Verkäufer

Man darf nicht zu einem Verkäufer sagen: „Wieviel kostet dieser Gegenstand?", wenn man gar nicht beabsichtigt, ihn zu kaufen.

Mischnah Baba Mezi'a 4,10

Als ob er Gott täuschen würde

Sieben Arten von Dieben gibt es. An erster Stelle steht der Dieb, der die Menschen täuscht (wörtlich: der die Kenntnis der Menschen stiehlt), so wie einer, der seinen Nächsten drängt, bei ihm zu Gast zu sein, aber in Wirklichkeit nicht daran denkt, ihn einzuladen; oder einer, der seinem Nächsten Geschenke aufdrängt, während er weiß, daß der andere sie nicht annehmen wird; oder jemand, der so tut, als ob er für seine Gäste Weinfässer öffnen würde, die aber schon dem Weinhändler verkauft worden sind; oder jemand, der beim Messen betrügt und beim Wiegen schwindelt; oder jemand, der Johannisbrotsamen dem Fönnkraut, Sand den Bohnen, und Essig dem Öl beimischt.... Ein solcher Dieb täuscht nicht nur die Menschen, sondern es wird ihm angerechnet, als ob, wenn er es nur könnte, er auch

Gott täuschen würde (wörtlich: er die Höchste Kenntnis stehlen würde).

Mekhilta, Nesiqin, Kap. 13, ed. Horovitz-Rabin, S. 294; vgl. *Tossephta Baba Qamma* 7, 8, ed. Zuckermandel, S. 358; *Tossephta Baba Bathra* 6, 14, ed. Zuckermandel, S. 406; p. *Demai,* IV, 6, ed. Krotoschin, p. 24a; b. *Ḥullin* 94a

Die Erlaubnis des Gastgebers

Gäste dürfen nicht von dem, was sie vorgesetzt bekommen, dem Sohn oder der Tochter des Gastgebers etwas reichen, wenn sie sich nicht zuerst die Erlaubnis dazu von ihrem Gastgeber eingeholt haben.

B. *Ḥullin* 94a

IX

Das neunte Gebot

DU SOLLST WIDER DEINEN NÄCHSTEN
KEIN FALSCHES ZEUGNIS ABLEGEN.

Exodus 20,16

Auch keine kleinen Lügen

Rawa lehrte:

Früher dachte ich, daß es in der Welt keine Wahrheit gäbe. Doch dann kam ein Rabbi zu mir, er hieß Raw Tabuth, andere meinen, er hieß Raw Tabjomi, der nie lügen würde – auch nicht für alle Schätze in der ganzen Welt.

Er erzählte mir, daß er einmal in die Stadt Quschta (das aramäische Wort für „Wahrheit") kam – eine Stadt, in welcher niemand je log und auch niemand je vor seiner Zeit starb.

Dort heiratete er eine Frau aus dem Ort, und sie gebar ihm zwei Söhne.

Eines Tages war seine Frau gerade dabei, sich das Haar zu waschen. Da klopfte eine Nachbarin an die Tür und wollte sie besuchen. Der Rabbi aber meinte, daß es nicht gut gesittet sei, der Nachbarin zu erzählen, daß seine Frau gerade beim Haarewaschen ist. Deshalb rief er ihr zu: „Meine Frau ist nicht zu Hause!"

Da starben seine beiden Söhne.

Nun kamen die Bewohner der Stadt zu ihm und fragten ihn:„Was ist der Grund für dieses Unglück?"

Er erzählte ihnen, was geschehen war.

Darauf baten sie ihn: „Bitte verlasse diese Stadt, und reize den Tod nicht gegen uns auf!"

B. *Sanhedrin* 97 a

Die Pflicht, Zeugnis abzulegen

Aus welcher Stelle in der Heiligen Schrift lernen wir, daß, wenn dir entlastendes Zeugnis für deinen Nächsten bekannt ist, du nicht schweigen darfst? Aus Leviticus 19, 16: „Stehe nicht still bei dem Blute deines Nächsten."

Siphra, Qedoschim, 4, 8, ed. Weiss, p. 89a

„Fürchtet euch vor niemandem!"

Rabbi Josua ben Karecha lehrte:

Woher wissen wir, daß ein Jünger, der vor seinem Meister sitzt, wenn der Meister als Richter fungiert, und der Jünger etwas zur Verteidigung eines Armen oder zur Beschuldigung eines Reichen weiß, der Jünger nicht schweigen darf? Wir wissen es aus Deuteronomium 1, 17: „Fürchtet euch vor niemandem!"

Rabbi Chanin erklärte diese Worte folgendermaßen: „Du darfst aus Respekt vor niemandem deine Worte zurückhalten!"

Auch müssen die Zeugen wissen, gegen wen sie Zeugnis ablegen und vor wem sie Zeugnis ablegen, und wer sie einst, wenn sie falsches Zeugnis ablegen, bestrafen wird.

B. *Sanhedrin* 6b

X

Das zehnte Gebot

DU SOLLST NICHT BEGEHREN
DAS HAUS DEINES NÄCHSTEN.
DU SOLLST NICHT GELÜSTE TRAGEN
NACH DEM WEIB DEINES NÄCHSTEN,
NACH SEINEM KNECHT,
NACH SEINER MAGD,
NACH SEINEM OCHSEN
UND SEINEM ESEL UND ALLEM,
WAS DEINEM NÄCHSTEN GEHÖRT.

Exodus 20,17

Wer ist reich?

Ben Soma lehrte:

Wer ist weise? Wer von jedem Menschen lernt...

Wer ist stark? Wer seine Leidenschaft bezwingt...

Wer ist reich? Wer sich mit seinem Anteil freut...

Wer ist geehrt? Wer die Menschen ehrt...

Mischnah Abhoth 4,1

Neid und Begierde

Rabbi Eleasar Hakkappar lehrte:

Der Neid, die Begierde und die Ehrsucht bringen den Menschen aus der Welt.

Mischnah Abhoth 4,21

Das Begehren und seine Folgen

Rabbi Huna lehrte:

Wir finden, daß die Israeliten erst dann aus ihrem Land ins Exil geführt wurden, als sie das zehnte Gebot übertraten. Denn so heißt es in

Micha 2,2: „Sie begehren Felder und rauben sie, Häuser und nehmen sie fort." (Gleich danach, Micha 2,3, heißt es: „Darum spricht der Herr also: ‚Siehe, Ich sinne über dieses Geschlecht Unheil.'")

Pessiqta Rabbathi, Kap. 24, ed. Friedmann, p. 125b

Schlimmer als die Sünde

„Schlimmer ist das Gelüst nach der Sünde als die Sünde selbst."

B. *Joma* 29a

„Als ob er alle übertreten hat"

Rabbi Jakum lehrte:

Wer das Gebot „Du sollst nicht begehren" übertritt, ist, als ob er alle Zehn Gebote übertreten hat.

Pessiqta Rabbathi, Kap. 21, ed. Friedmann, p. 107a

Andere Bücher von Jakob J. Petuchowski

Introduction to the Talmud. London 1948.

The Theology of Haham David Nieto. Welch, W. Va. 1954 (2. Ausgabe: New York 1970).

Ever Since Sinai – A Modern View of Torah. New York 1961. (3. Ausgabe: Milwaukee 1979.)

(Hrsg. mit Ezra Spicehandler): *Essays on Judaism.* (Hebräisch) Jerusalem/Cincinnati 1963.

Zion Reconsidered. New York 1966.

Prayerbook Reform in Europe. New York 1968.

Heirs of the Pharisees. New York 1970.

(Hrsg.): *Contributions to the Scientific Study of Jewish Liturgy.* New York 1970.

Understanding Jewish Prayer. New York 1972.

(Hrsg. mit Michael Brocke und Walter Strolz): *Das Vaterunser.* Freiburg i.Br. 1974.

(Mit Joseph Heinemann): *Literature of the Synagogue.* New York 1975.

(Hrsg.): *New Perspectives on Abraham Geiger.* Cincinnati 1975.

Beten im Judentum. Stuttgart 1976.

(Hrsg. mit A. Falaturi und W. Strolz): *Drei Wege zu dem einen Gott.* Freiburg i.Br. 1976.

Theology and Poetry. London/Henley/Boston 1978.

(Hrsg. mit M. Brocke): *The Lord's Prayer and Jewish Liturgy.* London/New York 1978.

Melchisedech – Urgestalt der Ökumene. Freiburg i.Br. 1979.

Es lehrten unsere Meister. Freiburg i. Br. 1979. (4. Auflage 1980)

Ferner lehrten unsere Meister. Freiburg i.Br. 1980.